SÉRVIO

VOCABULÁRIO

PALAVRAS MAIS ÚTEIS

PORTUGUÊS SÉRVIO

Para alargar o seu léxico e apurar
as suas competências linguísticas

7000 palavras

Vocabulário Português-Sérvio - 7000 palavras
Por Andrey Taranov

Os vocabulários da T&P Books destinam-se a ajudar a aprender, a memorizar, e a rever palavras estrangeiras. O dicionário é dividido em temas, cobrindo todas as principais esferas de atividades quotidianas, negócios, ciência, cultura, etc.

O processo de aprendizagem, utilizando os dicionários baseados em temáticas da T&P Books dá-lhe as seguintes vantagens:

- Informação de origem corretamente agrupada predetermina o sucesso em fases subsequentes da memorização de palavras
- Disponibilização de palavras derivadas da mesma raiz, o que permite a memorização de unidades de texto (em vez de palavras separadas)
- Pequenas unidades de palavras facilitam o processo de estabelecimento de vínculos associativos necessários para a consolidação do vocabulário
- O nível de conhecimento da língua pode ser estimado pelo número de palavras aprendidas

T&P Books Publishing
www.tpbooks.com

ISBN: 978-1-78400-896-3

Este livro também está disponível em formato E-book.
Por favor visite www.tpbooks.com ou as principais livrarias on-line.

VOCABULÁRIO SÉRVIO
palavras mais úteis

Os vocabulários da T&P Books destinam-se a ajudar a aprender, a memorizar, e a rever palavras estrangeiras. O vocabulário contém mais de 7000 palavras de uso comum organizadas tematicamente.

O vocabulário contém as palavras mais comummente usadas
Recomendado como adicional para qualquer curso de línguas
Satisfaz as necessidades dos iniciados e dos alunos avançados de línguas estrangeiras
Conveniente para o uso diário, sessões de revisão e atividades de auto-teste
Permite avaliar o seu vocabulário

Características especias do vocabulário

- As palavras estão organizadas de acordo com o seu significado, e não por ordem alfabética
- As palavras são apresentadas em três colunas para facilitar os processos de revisão e auto-teste
- As palavras compostas são divididas em pequenos blocos para facilitar o processo de aprendizagem
- O vocabulário oferece uma transcrição simples e adequada de cada palavra estrangeira

O vocabulário contém 198 tópicos incluindo:

Conceitos básicos, Números, Cores, Meses, Estações do ano, Unidades de medida, Roupas & Acessórios, Alimentos & Nutrição, Restaurante, Membros da Família, Parentes, Caráter, Sentimentos, Emoções, Doenças, Cidade, Passeios, Compras, Dinheiro, Casa, Lar, Escritório, Trabalho no Escritório, Importação & Exportação, Marketing, Pesquisa de Emprego, Desportos, Educação, Computador, Internet, Ferramentas, Natureza, Países, Nacionalidades e muito mais ...

TABELA DE CONTEÚDOS

GUIA DE PRONUNCIAÇÃO

Letra	Exemplo Sérvio	Alfabeto fonético T&P	Exemplo Português

Vogais

A a	авлија	[a]	chamar
E e	ексер	[e]	metal
И и	излаз	[i]	sinónimo
O o	очи	[o]	lobo
У у	ученик	[u]	bonita

Consoantes

Б б	брег	[b]	barril
В в	вода	[ʋ]	fava
Г г	глава	[g]	gosto
Д д	дим	[d]	dentista
Ђ ђ	ђак	[dʑ]	tajique
Ж ж	жица	[ʒ]	talvez
З з	зец	[z]	sésamo
Ј ј	мој	[j]	géiser
К к	киша	[k]	kiwi
Л л	лептир	[l]	libra
Љ љ	љиљан	[ʎ]	barulho
М м	мајка	[m]	magnólia
Н н	нос	[n]	natureza
Њ њ	књига	[ɲ]	ninhada
П п	праг	[p]	presente
Р р	рука	[r]	riscar
С с	слово	[s]	sanita
Т т	тело	[t]	tulipa
Ћ ћ	ћуран	[tɕ]	tchetcheno
Ф ф	фењер	[f]	safári
Х х	хлеб	[h]	[h] aspirada
Ц ц	цео	[ts]	tsé-tsé
Ч ч	чизме	[ʧ]	Tchau!
Џ џ	џбун	[dʒ]	adjetivo
Ш ш	шах	[ʃ]	mês

ABREVIATURAS
usadas no vocabulário

Abreviaturas do Português

adj	-	adjetivo
adv	-	advérbio
anim.	-	animado
conj.	-	conjunção
desp.	-	desporto
etc.	-	etecetra
ex.	-	por exemplo
f	-	nome feminino
f pl	-	feminino plural
fem.	-	feminino
inanim.	-	inanimado
m	-	nome masculino
m pl	-	masculino plural
m, f	-	masculino, feminino
masc.	-	masculino
mat.	-	matemática
mil.	-	militar
pl	-	plural
prep.	-	preposição
pron.	-	pronome
sb.	-	sobre
sing.	-	singular
v aux	-	verbo auxiliar
vi	-	verbo intransitivo
vi, vt	-	verbo intransitivo, transitivo
vr	-	verbo reflexivo
vt	-	verbo transitivo

Abreviaturas do Sérvio

ж	-	nome feminino
ж мн	-	feminino plural
м	-	nome masculino
м мн	-	masculino plural
м, ж	-	masculino, feminino
мн	-	plural
нг	-	verbo intransitivo
нг, пг	-	verbo intransitivo, transitivo

пг   -   verbo transitivo
с   -   neutro
с мн   -   neutro plural

CONCEITOS BÁSICOS

Conceitos básicos. Parte 1

1. Pronomes

eu	ja	ja
tu	ти	ti
ele	он	on
ela	она	óna
ele, ela (neutro)	оно	óno
nós	ми	mi
vocês	ви	vi
eles	они	óni
elas	оне	óne

2. Cumprimentos. Saudações. Despedidas

Olá!	Здраво!	Zdrávo!
Bom dia! (formal)	Добар дан!	Dóbar dan!
Bom dia! (de manhã)	Добро јутро!	Dóbro jútro!
Boa tarde!	Добар дан!	Dóbar dan!
Boa noite!	Добро вече!	Dóbro véče!

cumprimentar (vt)	поздрављати (пг)	pózdravljati
Olá!	Здраво!	Zdrávo!
saudação (f)	поздрав (м)	pózdrav
saudar (vt)	поздрављати (пг)	pózdravljati
Como vai?	Како сте?	Káko ste?
Como vais?	Како си?	Káko si?
O que há de novo?	Шта је ново?	Šta je nóvo?

Adeus! (formal)	Довиђења!	Doviđenja!
Até à vista! (informal)	Здраво!	Zdrávo!
Até breve!	Видимо се ускоро!	Vídimo se úskoro!
Adeus!	Збогом!	Zbógom!
despedir-se (vr)	опраштати се	opráštati se
Até logo!	Ћао! Здраво!	Ćáo! Zdrávo!

Obrigado! -a!	Хвала!	Hvála!
Muito obrigado! -a!	Хвала лепо!	Hvála lépo!
De nada	Изволите	Izvólite
Não tem de quê	Нема на чему!	Néma na čému!
De nada	Нема на чему	Néma na čému
Desculpa!	Извини!	Izvíni!

Desculpe!	Извините!	Izvínite!
desculpar (vt)	извињавати (пг)	izvinjávati
desculpar-se (vr)	извињавати се	izvinjávati se
As minhas desculpas	Извињавам се	Izvinjávam se
Desculpe!	Извините!	Izvínite!
perdoar (vt)	опраштати (пг)	opráštati
Não faz mal	Ништа страшно!	Níšta strášno!
por favor	молим	mólim
Não se esqueça!	Не заборавите!	Ne zabóravite!
Certamente! Claro!	Наравно!	Náravno!
Claro que não!	Наравно да не!	Náravno da ne!
Está bem! De acordo!	Слажем се!	Slážem se!
Basta!	Доста!	Dósta!

3. Números cardinais. Parte 1

zero	нула (ж)	núla
um	један	jédan
dois	два	dva
três	три	tri
quatro	четири	četiri
cinco	пет	pet
seis	шест	šest
sete	седам	sédam
oito	осам	ósam
nove	девет	dévet
dez	десет	déset
onze	једанаест	jedánaest
doze	дванаест	dvánaest
treze	тринаест	trínaest
catorze	четрнаест	četŕnaest
quinze	петнаест	pétnaest
dezasseis	шеснаест	šésnaest
dezassete	седамнаест	sedámnaest
dezoito	осамнаест	osámnaest
dezanove	деветнаест	devétnaest
vinte	двадесет	dvádeset
vinte e um	двадесет и један	dvádeset i jédan
vinte e dois	двадесет и два	dvádeset i dva
vinte e três	двадесет и три	dvádeset i tri
trinta	тридесет	trídeset
trinta e um	тридесет и један	trídeset i jédan
trinta e dois	тридесет и два	trídeset i dva
trinta e três	тридесет и три	trídeset i tri
quarenta	четрдесет	četrdéset
quarenta e um	четрдесет и један	četrdéset i jédan

| quarenta e dois | четрдесет и два | četrdéset i dva |
| quarenta e três | четрдесет и три | četrdéset i tri |

cinquenta	педесет	pedéset
cinquenta e um	педесет и један	pedéset i jédan
cinquenta e dois	педесет и два	pedéset i dva
cinquenta e três	педесет и три	pedéset i tri

sessenta	шездесет	šezdéset
sessenta e um	шездесет и један	šezdéset i jédan
sessenta e dois	шездесет и два	šezdéset i dva
sessenta e três	шездесет и три	šezdéset i tri

setenta	седамдесет	sedamdéset
setenta e um	седамдесет и један	sedamdéset i jédan
setenta e dois	седамдесет и два	sedamdéset i dva
setenta e três	седамдесет и три	sedamdéset i tri

oitenta	осамдесет	osamdéset
oitenta e um	осамдесет и један	osamdéset i jédan
oitenta e dois	осамдесет и два	osamdéset i dva
oitenta e três	осамдесет и три	osamdéset i tri

noventa	деведесет	devedéset
noventa e um	деведесет и један	devedéset i jédan
noventa e dois	деведесет и два	devedéset i dva
noventa e três	деведесет и три	devedéset i tri

4. Números cardinais. Parte 2

cem	сто	sto
duzentos	двеста	dvésta
trezentos	триста	trísta
quatrocentos	четиристо	čétiristo
quinhentos	петсто	pétsto
seiscentos	шестсто	šéststo
setecentos	седамсто	sédamsto
oitocentos	осамсто	ósamsto
novecentos	деветсто	dévetsto

mil	хиљада (ж)	híljada
dois mil	две хиљаде	dve híljade
De quem são ...?	три хиљаде	tri híljade
dez mil	десет хиљада	déset híljada
cem mil	сто хиљада	sto híljada
um milhão	милион (м)	milíon
mil milhões	милијарда (ж)	milíjarda

5. Números. Frações

| fração (f) | разломак (м) | rázlomak |
| um meio | једна половина | jédna pólovina |

| um terço | једна трећина (ж) | jédna trećína |
| um quarto | једна четвртина | jédna čétvrtina |

um oitavo	једна осмина (ж)	jédna osmína
um décimo	једна десетина	jédna désetina
dois terços	две трећине	dve trećíne
três quartos	три четвртине	tri četvŕtine

6. Números. Operações básicas

subtração (f)	одузимање (c)	oduzímanje
subtrair (vi, vt)	одузимати (nr)	odúzimati
divisão (f)	дељење (c)	déljenje
dividir (vt)	делити (nr)	déliti

adição (f)	сабирање (c)	sabíranje
somar (vt)	сабрати (nr)	sábrati
adicionar (vt)	сабирати (nr)	sábirati
multiplicação (f)	множење (c)	mnóženje
multiplicar (vt)	множити (nr)	mnóžiti

7. Números. Diversos

algarismo, dígito (m)	цифра (ж)	cífra
número (m)	број (м)	broj
numeral (m)	број (м)	broj
menos (m)	минус (м)	mínus
mais (m)	плус (м)	plus
fórmula (f)	формула (ж)	fórmula

cálculo (m)	израчунавање (c)	izračunávanje
contar (vt)	бројати (nr)	brójati
calcular (vt)	бројати (nr)	brójati
comparar (vt)	упоређивати (nr)	upoređívati

| Quanto, -os, -as? | Колико? | Kolíko? |
| soma (f) | збир (м) | zbir |

| resultado (m) | резултат (м) | rezúltat |
| resto (m) | остатак (м) | ostátak |

alguns, algumas …	неколико	nékoliko
um pouco de …	мало	málo
resto (m)	остало (c)	óstalo

| um e meio | један и по | jédan i po |
| dúzia (f) | туце (c) | túce |

ao meio	напола	nápola
em partes iguais	на равне делове	na rávne délove
metade (f)	половина (ж)	polóvina
vez (f)	пут (м)	put

8. Os verbos mais importantes. Parte 1

abrir (vt)	отварати (пг)	otvárati
acabar, terminar (vt)	завршавати (пг)	završávati
aconselhar (vt)	саветовати (пг)	sávetovati
adivinhar (vt)	погодити (пг)	pogóditi
advertir (vt)	упозоравати (пг)	upozorávati
ajudar (vt)	помагати (пг)	pomágati
almoçar (vi)	ручати (нг)	rúčati
alugar (~ um apartamento)	изнајмити (пг)	iznájmiti
ameaçar (vt)	претити (нг)	prétiti
anotar (escrever)	записивати (пг)	zapisívati
apanhar (vt)	ловити (пг)	lóviti
apressar-se (vr)	журити се	žúriti se
arrepender-se (vr)	жалити (нг)	žáliti
assinar (vt)	потписивати (пг)	potpisívati
atirar, disparar (vi)	пуцати (нг)	púcati
brincar (vi)	шалити се	šáliti se
brincar, jogar (crianças)	играти (нг)	ígrati
buscar (vt)	тражити (пг)	trážiti
caçar (vi)	ловити (пг)	lóviti
cair (vi)	падати (нг)	pádati
cavar (vt)	копати (пг)	kópati
cessar (vt)	прекидати (пг)	prekídati
chamar (~ por socorro)	звати (пг)	zváti
chegar (vi)	стизати (нг)	stízati
chorar (vi)	плакати (нг)	plákati
começar (vt)	почињати (нг, пг)	póčinjati
comparar (vt)	упоређивати (пг)	upoređívati
compreender (vt)	разумевати (пг)	razumévati
concordar (vi)	слагати се	slágati se
confiar (vt)	веровати (пг)	vérovati
confundir (equivocar-se)	бркати (пг)	bŕkati
conhecer (vt)	знати (пг)	znáti
contar (fazer contas)	рачунати (пг)	račúnati
contar com (esperar)	рачунати на …	račúnati na …
continuar (vt)	настављати (пг)	nástavljati
controlar (vt)	контролисати (пг)	kontrólisati
convidar (vt)	позивати (пг)	pozívati
correr (vi)	трчати (нг)	tŕčati
criar (vt)	створити (пг)	stvóriti
custar (vt)	коштати (нг)	kóštati

9. Os verbos mais importantes. Parte 2

dar (vt)	давати (пг)	dávati
dar uma dica	дати миг	dáti mig

decorar (enfeitar)	украшавати (пг)	ukrašávati
defender (vt)	штитити (пг)	štítiti
deixar cair (vt)	испуштати (пг)	ispúštati
descer (para baixo)	спуштати се	spúštati se
desculpar (vt)	извињавати (пг)	izvinjávati
desculpar-se (vr)	извињавати се	izvinjávati se
dirigir (~ uma empresa)	руководити (пг)	rukovóditi
discutir (notícias, etc.)	расправљати (пг)	ráspravljati
dizer (vt)	рећи (пг)	réći
duvidar (vt)	сумњати (нг)	súmnjati
encontrar (achar)	наћи (пг)	náći
enganar (vt)	обмањивати (пг)	obmanjívati
entrar (na sala, etc.)	ући, улазити (нг)	úći, úlaziti
enviar (uma carta)	слати (пг)	sláti
errar (equivocar-se)	грешити (нг)	gréšiti
escolher (vt)	бирати (пг)	bírati
esconder (vt)	крити (пг)	kríti
escrever (vt)	писати (пг)	písati
esperar (o autocarro, etc.)	чекати (нг, пг)	čékati
esperar (ter esperança)	надати се	nádati se
esquecer (vt)	заборављати (нг, пг)	zabóravljati
estudar (vt)	студирати (пг)	studírati
exigir (vt)	захтевати, тражити	zahtévati, trážiti
existir (vi)	постојати (нг)	póstojati
explicar (vt)	објашњавати (пг)	objašnjávati
falar (vi)	говорити (нг)	govóriti
faltar (clases, etc.)	пропуштати (пг)	propúštati
fazer (vt)	радити (пг)	ráditi
ficar em silêncio	ћутати (нг)	ćútati
gabar-se, jactar-se (vr)	хвалисати се	hválisati se
gostar (apreciar)	свиђати се	svíđati se
gritar (vi)	викати (нг)	víkati
guardar (cartas, etc.)	чувати (пг)	čúvati
informar (vt)	информисати (пг)	infórmisati
insistir (vi)	инсистирати (нг)	insistírati
insultar (vt)	вређати (пг)	vréđati
interessar-se (vr)	интересовати се	ínteresovati se
ir (a pé)	ићи (нг)	íći
ir nadar	купати се	kúpati se
jantar (vi)	вечерати (нг)	véčerati

10. Os verbos mais importantes. Parte 3

ler (vt)	читати (нг, пг)	čítati
libertar (cidade, etc.)	ослобађати (пг)	oslobáđati
matar (vt)	убијати (нг)	ubíjati
mencionar (vt)	спомињати (пг)	spóminjati
mostrar (vt)	показивати (пг)	pokazívati

mudar (modificar)	променити (nr)	proméniti
nadar (vi)	пливати (нг)	plívati
negar-se a ...	одбијати се	odbíjati se
objetar (vt)	приговарати (нг)	prigovárati

observar (vt)	посматрати (нг)	posmátrati
ordenar (mil.)	наређивати (nr)	naređívati
ouvir (vt)	чути (нг, nr)	čúti
pagar (vt)	платити (нг, nr)	plátiti
parar (vi)	заустављати се	zaústavljati se

participar (vi)	учествовати (нг)	účestvovati
pedir (comida)	наручивати (nr)	naručívati
pedir (um favor, etc.)	молити (nr)	móliti
pegar (tomar)	узети (nr)	úzeti
pensar (vt)	мислити (нг)	mísliti

perceber (ver)	запажати (nr)	zapážati
perdoar (vt)	опраштати (nr)	opráštati
perguntar (vt)	питати (nr)	pítati
permitir (vt)	дозвољавати (нг, nr)	dozvoljávati
pertencer a ...	припадати (нг)	prípadati

planear (vt)	планирати (nr)	planírati
poder (vi)	моћи (нг)	móći
possuir (vt)	поседовати (nr)	pósedovati
preferir (vt)	преферирати (nr)	preferírati
preparar (vt)	кувати (nr)	kúvati

prever (vt)	предвиђати (nr)	predvíđati
prometer (vt)	обећати (nr)	obéćati
pronunciar (vt)	изговарати (nr)	izgovárati
propor (vt)	предлагати (nr)	predlágati
punir (castigar)	кажњавати (nr)	kažnjávati

11. Os verbos mais importantes. Parte 4

quebrar (vt)	ломити (nr)	lómiti
queixar-se (vr)	жалити се	žáliti se
querer (desejar)	хтети (nr)	htéti
recomendar (vt)	препоручивати (nr)	preporučívati
repetir (dizer outra vez)	понављати (nr)	ponávljati

repreender (vt)	грдити (nr)	gŕditi
reservar (~ um quarto)	резервисати (nr)	rezervísati
responder (vt)	одговарати (нг, nr)	odgovárati
rezar, orar (vi)	молити се	móliti se
rir (vi)	смејати се	sméjati se

roubar (vt)	красти (nr)	krásti
saber (vt)	знати (nr)	znáti
sair (~ de casa)	изаћи (нг)	ízaći
salvar (vt)	спасавати (nr)	spasávati
seguir ...	пратити (nr)	prátiti

sentar-se (vr)	седати (нг)	sédati
ser necessário	бити потребан	bíti pótreban
ser, estar	бити (нг, пг)	bíti
significar (vt)	значити (нг)	znáčiti

sorrir (vi)	осмехивати се	osmehívati se
subestimar (vt)	подцењивати (пг)	podcenjívati
surpreender-se (vr)	чудити се	čúditi se
tentar (vt)	пробати (нг)	próbati

ter (vt)	имати (пг)	ímati
ter fome	бити гладан	bíti gládan
ter medo	плашити се	plášiti se
ter sede	бити жедан	bíti žédan

tocar (com as mãos)	дирати (пг)	dírati
tomar o pequeno-almoço	доручковати (нг)	dóručkovati
trabalhar (vi)	радити (нг)	ráditi
traduzir (vt)	преводити (пг)	prevóditi
unir (vt)	уједињавати (пг)	ujedinjávati

vender (vt)	продавати (пг)	prodávati
ver (vt)	видети (пг)	vídeti
virar (ex. ~ à direita)	скретати (нг)	skrétati
voar (vi)	летети (нг)	léteti

12. Cores

cor (f)	боја (ж)	bója
matiz (m)	нијанса (ж)	nijánsa
tom (m)	тон (м)	ton
arco-íris (m)	дуга (ж)	dúga

branco	бео	béo
preto	црн	cŕn
cinzento	сив	siv

verde	зелен	zélen
amarelo	жут	žut
vermelho	црвен	cŕven

azul	плав	plav
azul claro	светло плав	svétlo plav
rosa	ружичаст	rúžičast
laranja	наранџаст	nárandžast
violeta	љубичаст	ljúbičast
castanho	браон	bráon

dourado	златан	zlátan
prateado	сребрнаст	srébrnast

bege	беж	bež
creme	боје крем	bóje krem
turquesa	тиркизан	tírkizan

vermelho cereja	бóje вишње	bóje víšnje
lilás	лила	líla
carmesim	бóje малине	bóje máline

claro	светао	svétao
escuro	таман	táman
vivo	jарки	járki

de cor	обоjен	óbojen
a cores	у бójи	u bóji
preto e branco	црно-бели	cŕno-béli
unicolor	jеднобоjан	jédnobojan
multicor	разнобоjан	ráznobojan

13. Questões

Quem?	Ко?	Ko?
Que?	Шта?	Šta?
Onde?	Где?	Gde?
Para onde?	Куда?	Kúda?
De onde?	Одакле? Откуд?	Ódakle? Ótkud?
Quando?	Када?	Káda?
Para quê?	Зашто?	Zášto?
Porquê?	Зашто?	Zášto?

Para quê?	За шта? Због чега?	Zá šta? Zbog čéga?
Como?	Како?	Káko?
Qual?	Какав?	Kákav?
Qual? (entre dois ou mais)	Коjи?	Kóji?

A quem?	Коме?	Kóme?
Sobre quem?	О коме?	O kóme?
Do quê?	О чему?	O čému?
Com quem?	Са ким?	Sa kim?

Quanto, -os, -as?	Колико?	Kolíko?
De quem? (masc.)	Чиjи?	Číji?
De quem é? (fem.)	Чиjа?	Číja?
De quem são? (pl)	Чиjе?	Číje?

14. Palavras funcionais. Advérbios. Parte 1

Onde?	Где?	Gde?
aqui	овде	óvde
lá, ali	тамо	támo

em algum lugar	негде	négde
em lugar nenhum	нигде	nígde

ao pé de ...	код	kod
ao pé da janela	поред прозора	póred prózora
Para onde?	Куда?	Kúda?

para cá	овамо	óvamo
para lá	тамо	támo
daqui	одавде	ódavde
de lá, dali	онанде	ódande
perto	близу	blízu
longe	далеко	daléko
perto de …	близу, у близини	blízu, u blizíni
ao lado de	у близини	u blízini
perto, não fica longe	недалеко	nédaleko
esquerdo	леви	lévi
à esquerda	слева	sléva
para esquerda	лево	lévo
direito	десни	désni
à direita	десно	désno
para direita	десно	désno
à frente	спреда	spréda
da frente	предњи	prédnji
em frente (para a frente)	напред	nápred
atrás de …	иза	íza
por detrás (vir ~)	отпозади	otpozádi
para trás	назад, унатраг	názad, unátrag
meio (m), metade (f)	средина (ж)	sredína
no meio	у средини	u sredíni
de lado	са стране	sa stráne
em todo lugar	свуда	svúda
ao redor (olhar ~)	око	óko
de dentro	изнутра	iznútra
para algum lugar	некуда	nékuda
diretamente	право	právo
de volta	назад	názad
de algum lugar	однекуд	ódnekud
de um lugar	однекуд	ódnekud
em primeiro lugar	прво	pŕvo
em segundo lugar	друго	drúgo
em terceiro lugar	треће	tréće
de repente	изненада	íznenada
no início	у почетку	u počétku
pela primeira vez	први пут	pŕvi put
muito antes de …	много пре …	mnógo pre …
de novo, novamente	поново	pónovo
para sempre	заувек	záuvek
nunca	никад	níkad
de novo	опет	ópet

agora	сада	sáda
frequentemente	често	čésto
então	тада	táda
urgentemente	хитно	hítno
usualmente	обично	óbično

a propósito, ...	узгред, ...	úzgred, ...
é possível	могуће	móguće
provavelmente	вероватно	vérovatno
talvez	можда	móžda
além disso, ...	осим тога ...	ósim tóga ...
por isso ...	дакле ..., због тога ...	dákle ..., zbog toga ...
apesar de ...	без обзира на ...	bez óbzira na ...
graças a ...	захваљујући ...	zahváljujući ...

que (pron.)	шта	šta
que (conj.)	да	da
algo	нешто	néšto
alguma coisa	нешто	néšto
nada	ништа	níšta

quem	ко	ko
alguém (~ teve uma ideia ...)	неко	néko
alguém	неко	néko

ninguém	нико	níko
para lugar nenhum	никуд	níkud
de ninguém	ничији	níčiji
de alguém	нечији	néčiji

tão	тако	táko
também (gostaria ~ de ...)	такође	takóđe
também (~ eu)	такође	takóđe

15. Palavras funcionais. Advérbios. Parte 2

Porquê?	Зашто?	Zášto?
por alguma razão	из неког разлога	iz nékog rázloga
porque ...	јер ..., зато што ...	jer ..., záto što ...
por qualquer razão	из неког разлога	iz nékog rázloga

e (tu ~ eu)	и	i
ou (ser ~ não ser)	или	íli
mas (porém)	али	áli
para (~ a minha mãe)	за	za

demasiado, muito	сувише, превише	súviše, préviše
só, somente	само	sámo
exatamente	тачно	táčno
cerca de (~ 10 kg)	око	óko

aproximadamente	приближно	príbližno
aproximado	приближан	príbližan
quase	скоро	skóro

23

resto (m)	остало (c)	óstalo
o outro (segundo)	други	drúgi
outro	други	drúgi
cada	свак	svak
qualquer	било који	bílo kóji
muito	много	mnógo
muitas pessoas	многи	mnógi
todos	сви	svi
em troca de ...	у замену за ...	u zámenu za ...
em troca	у замену	u zámenu
à mão	ручно	rúčno
pouco provável	тешко да, једва да	téško da, jédva da
provavelmente	вероватно	vérovatno
de propósito	намерно	námerno
por acidente	случајно	slúčajno
muito	врло	vŕlo
por exemplo	на пример	na prímer
entre	између	ízmeđu
entre (no meio de)	међу	méđu
tanto	толико	tolíko
especialmente	нарочито	náročito

Conceitos básicos. Parte 2

16. Opostos

rico	богат	bógat
pobre	сиромашан	sirómašan
doente	болестан	bólestan
são	здрав	zdrav
grande	велик	vélik
pequeno	мали	máli
rapidamente	брзо	bŕzo
lentamente	споро	spóro
rápido	брз	bŕz
lento	спор	spor
alegre	весео	véseo
triste	тужан	túžan
juntos	заједно	zájedno
separadamente	одвојено	ódvojeno
em voz alta (ler ~)	наглас	náglas
para si (em silêncio)	у себи	u sébi
alto	висок	vísok
baixo	низак	nízak
profundo	дубок	dúbok
pouco fundo	плитак	plítak
sim	да	da
não	не	ne
distante (no espaço)	далек	dálek
próximo	близак	blízak
longe	далеко	daléko
perto	близу	blízu
longo	дуг, дугачак	dug, dúgačak
curto	кратак	krátak
bom, bondoso	добар	dóbar
mau	зао	záo
casado	ожењен	óженjen

solteiro	неожењен	neóženjen
proibir (vt)	забранити (пг)	zábraniti
permitir (vt)	дозволити (нг, пг)	dozvóliti
fim (m)	крај (м)	kraj
começo (m)	почетак (м)	počétak
esquerdo	леви	lévi
direito	десни	désni
primeiro	први	pŕvi
último	последњи	póslednji
crime (m)	злочин (м)	zlóčin
castigo (m)	казна (ж)	kázna
ordenar (vt)	наредити (пг)	naréditi
obedecer (vt)	подчинити се	podčíniti se
reto	прав	prav
curvo	крив	kriv
paraíso (m)	рај (м)	raj
inferno (m)	пакао (м)	pákao
nascer (vi)	родити се	róditi se
morrer (vi)	умрети (нг)	úmreti
forte	снажан	snážan
fraco, débil	слаб	slab
idoso	стар	star
jovem	млад	mlad
velho	стар	star
novo	нов	nov
duro	чврст	čvŕst
mole	мек, мекан	mek, mékan
tépido	топао	tópao
frio	хладан	hládan
gordo	дебео	débeo
magro	танак, мршав	tának, mŕšav
estreito	узак	úzak
largo	широк	šírok
bom	добар	dóbar
mau	лош	loš
valente	храбар	hrábar
cobarde	кукавички	kúkavički

17. Dias da semana

segunda-feira (f)	понедељак (м)	ponédeljak
terça-feira (f)	уторак (м)	útorak
quarta-feira (f)	среда (ж)	sréda
quinta-feira (f)	четвртак (м)	četvŕtak
sexta-feira (f)	петак (м)	pétak
sábado (m)	субота (ж)	súbota
domingo (m)	недеља (ж)	nédelja

hoje	данас	dánas
amanhã	сутра	sútra
depois de amanhã	прекосутра	prékosutra
ontem	јуче	júče
anteontem	прекјуче	prékjuče

dia (m)	дан (м)	dan
dia (m) de trabalho	радни дан (м)	rádni dan
feriado (m)	празничан дан (м)	prázničan dan
dia (m) de folga	слободан дан (м)	slóbodan dan
fim (m) de semana	викенд (м)	víkend

o dia todo	цео дан	céo dan
no dia seguinte	следећег дана, сутра	slédećeg dána, sútra
há dois dias	пре два дана	pre dva dána
na véspera	уочи	úoči
diário	свакодневан	svákodnevan
todos os dias	свакодневно	svákodnevno

semana (f)	недеља (ж)	nédelja
na semana passada	прошле недеље	próšle nédelje
na próxima semana	следеће недеље	slédeće nédelje
semanal	недељни	nédeljni
cada semana	недељно	nédeljno
duas vezes por semana	два пута недељно	dva púta nédeljno
cada terça-feira	сваког уторка	svákog útorka

18. Horas. Dia e noite

manhã (f)	јутро (с)	jútro
de manhã	ујутру	újutru
meio-dia (m)	подне (с)	pódne
à tarde	поподне	popódne

noite (f)	вече (с)	véče
à noite (noitinha)	увече	úveče
noite (f)	ноћ (ж)	noć
à noite	ноћу	nóću
meia-noite (f)	поноћ (ж)	pónoć

segundo (m)	секунд (м)	sékund
minuto (m)	минут (ж)	mínut
hora (f)	сат (м)	sat

meia hora (f)	пола сата	póla sáta
quarto (m) de hora	четврт сата	čétvrt sáta
quinze minutos	петнаест минута	pétnaest minúta
vinte e quatro horas	двадесет четири сата	dvádeset čétiri sáta
nascer (m) do sol	излазак (м) сунца	ízlazak súnca
amanhecer (m)	свануће (с)	svanúće
madrugada (f)	рано јутро (с)	ráno jútro
pôr do sol (m)	залазак (м) сунца	zálazak súnca
de madrugada	рано ујутру	ráno újutru
hoje de manhã	јутрос	jútros
amanhã de manhã	сутра ујутру	sútra újutru
hoje à tarde	овог поподнева	óvog popódneva
à tarde	поподне	popódne
amanhã à tarde	сутра поподне	sútra popódne
hoje à noite	вечерас	večéras
amanhã à noite	сутра увече	sútra úveče
às três horas em ponto	тачно у три сата	táčno u tri sáta
por volta das quatro	око четири сата	óko čétiri sáta
às doze	до дванаест сати	do dvánaest sáti
dentro de vinte minutos	за двадесет минута	za dvádeset minúta
dentro duma hora	за сат времена	za sat vrémena
a tempo	навреме	návreme
menos um quarto	четвртина до	četvŕtina do
durante uma hora	за сат времена	za sat vrémena
a cada quinze minutos	сваких петнаест минута	svákih pétnaest minúta
as vinte e quatro horas	дан и ноћ	dan i noć

19. Meses. Estações

janeiro (m)	јануар (м)	jánuar
fevereiro (m)	фебруар (м)	fébruar
março (m)	март (м)	mart
abril (m)	април (м)	ápril
maio (m)	мај (м)	maj
junho (m)	јун, јуни (м)	jun, júni
julho (m)	јули (м)	júli
agosto (m)	август (м)	ávgust
setembro (m)	септембар (м)	séptembar
outubro (m)	октобар (м)	óktobar
novembro (m)	новембар (м)	nóvembar
dezembro (m)	децембар (м)	décembar
primavera (f)	пролеће (с)	próleće
na primavera	у пролеће	u próleće
primaveril	пролећни	prólećni
verão (m)	лето (с)	léto

no verão	лети	léti
de verão	летни	létni

outono (m)	јесен (ж)	jésen
no outono	у јесен	u jésen
outonal	јесењи	jésenji

inverno (m)	зима (ж)	zíma
no inverno	зими	zími
de inverno	зимски	zímski
mês (m)	месец (м)	mésec
este mês	овог месеца	óvog méseca
no próximo mês	следећег месеца	slédećeg méseca
no mês passado	прошлог месеца	próšlog méseca

há um mês	пре месец дана	pre mésec dána
dentro de um mês	за месец дана	za mésec dána
dentro de dois meses	за два месеца	za dva meséca
todo o mês	цео месец	céo mésec
um mês inteiro	цео месец	céo mésec

mensal	месечни	mésečni
mensalmente	месечно	mésečno
cada mês	сваког месеца	svákog méseca
duas vezes por mês	два пута месечно	dva púta mésečno

ano (m)	година (ж)	gódina
este ano	ове године	óve gódine
no próximo ano	следеће године	slédeće gódine
no ano passado	прошла година	próšla gódina
há um ano	пре годину дана	pre gódinu dána
dentro dum ano	за годину дана	za gódinu dána
dentro de 2 anos	за две године	za dve gódine
todo o ano	цела година	céla gódina
um ano inteiro	цела година	céla gódina

cada ano	сваке године	sváke gódine
anual	годишњи	gódišnji
anualmente	годишње	gódišnje
quatro vezes por ano	четири пута годишње	čétiri púta gódišnje

data (~ de hoje)	датум (м)	dátum
data (ex. ~ de nascimento)	датум (м)	dátum
calendário (m)	календар (м)	kaléndar

meio ano	пола године	póla gódine
seis meses	полугодиште (с)	polugódište
estação (f)	сезона (ж)	sezóna
século (m)	век (м)	vek

20. Tempo. Diversos

tempo (m)	време (с)	vréme
momento (m)	часак, тренутак (м)	čásak, trenútak

instante (m)	тренутак (м)	trenútak
instantâneo	тренутан	trénutan
lapso (m) de tempo	раздобље (c)	rázdoblje
vida (f)	живот (м)	žívot
eternidade (f)	вечност (ж)	véčnost

época (f)	епоха (ж)	epóha
era (f)	ера (ж)	éra
ciclo (m)	циклус (м)	cíklus
período (m)	период (м)	período
prazo (m)	рок (м)	rok

futuro (m)	будућност (ж)	budúćnost
futuro	будући	búdući
da próxima vez	следећи пут	slédeći put
passado (m)	прошлост (ж)	próšlost
passado	прошли	próšli
na vez passada	прошлог пута	próšlog púta
mais tarde	касније	kásnije
depois	после	pósle
atualmente	сада	sáda
agora	сада	sáda
imediatamente	одмах	ódmah
em breve, brevemente	ускоро	úskoro
de antemão	унапред	unápred

há muito tempo	одавно	ódavno
há pouco tempo	недавно	nédavno
destino (m)	судбина (ж)	súdbina
recordações (f pl)	сећање (c)	séćanje
arquivo (m)	архив (м)	árhiv
durante ...	за време ...	za vréme ...
durante muito tempo	дуго	dúgo
pouco tempo	кратко	krátko
cedo (levantar-se ~)	рано	ráno
tarde (deitar-se ~)	касно	kásno

para sempre	заувек	záuvek
começar (vt)	починьати (нг, пг)	póčinjati
adiar (vt)	одгодити (пг)	odgóditi

simultaneamente	истовремено	istóvremeno
permanentemente	стално	stálno
constante (ruído, etc.)	константан	konstántan
temporário	привремен	prívremen

às vezes	понекад	pónekad
raramente	ретко	rétko
frequentemente	често	čésto

21. Linhas e formas

| quadrado (m) | квадрат (м) | kvádrat |
| quadrado | квадратни | kvádratni |

30

círculo (m)	круг (м)	krug
redondo	округли	ókrugli
triângulo (m)	троугао (м)	tróugao
triangular	троугласти	tróuglasti

oval (f)	овал (м)	óval
oval	овалан	óvalan
retângulo (m)	правоугаоник (м)	pravougaónik
retangular	правоугаони	pravoúgaoni

pirâmide (f)	пирамида (ж)	piramída
rombo, losango (m)	ромб (м)	romb
trapézio (m)	трапез (м)	trápez
cubo (m)	коцка (ж)	kócka
prisma (m)	призма (ж)	prízma

circunferência (f)	кружница (ж)	krúžnica
esfera (f)	сфера (ж)	sféra
globo (m)	кугла (ж)	kúgla
diâmetro (m)	пречник (м)	préčnik
raio (m)	полупречник (м)	polupréčnik
perímetro (m)	периметар (м)	perímetar
centro (m)	центар (м)	céntar

horizontal	хоризонталан	hórizontalan
vertical	вертикалан	vértikalan
paralela (f)	паралела (ж)	paraléla
paralelo	паралелан	paralélan

linha (f)	линија (ж)	línija
traço (m)	црта (ж)	cŕta
reta (f)	права линија (ж)	práva línija
curva (f)	крива (ж)	kríva
fino (linha ~a)	танак	tának
contorno (m)	контура (ж)	kóntura

interseção (f)	пресек (м)	prések
ângulo (m) reto	прав угао (м)	prav úgao
segmento (m)	сегмент (м)	ségment
setor (m)	сектор (м)	séktor
lado (de um triângulo, etc.)	страна (ж)	strána
ângulo (m)	угао (м)	úgao

22. Unidades de medida

peso (m)	тежина (ж)	težína
comprimento (m)	дужина (ж)	dužína
largura (f)	ширина (ж)	širína
altura (f)	висина (ж)	visína
profundidade (f)	дубина (ж)	dubína
volume (m)	запремина (ж)	zápremina
área (f)	површина (ж)	póvršina
grama (m)	грам (м)	gram
miligrama (m)	милиграм (м)	míligram

quilograma (m)	килограм (м)	kílogram
tonelada (f)	тона (ж)	tóna
libra (453,6 gramas)	фунта (ж)	fúnta
onça (f)	унца (ж)	únca

metro (m)	метар (м)	métar
milímetro (m)	милиметар (м)	mílimetar
centímetro (m)	сантиметар (м)	santimétar
quilómetro (m)	километар (м)	kílometar
milha (f)	миља (ж)	mílja

polegada (f)	палац (м)	pálac
pé (304,74 mm)	стопа (ж)	stópa
jarda (914,383 mm)	јард (м)	jard

metro (m) quadrado	квадратни метар (м)	kvádratni métar
hectare (m)	хектар (м)	héktar

litro (m)	литар (м)	lítar
grau (m)	степен (м)	stépen
volt (m)	волт (м)	volt
ampere (m)	ампер (м)	ámper
cavalo-vapor (m)	коњска снага (ж)	kónjska snága

quantidade (f)	количина (ж)	količína
um pouco de …	мало …	málo …
metade (f)	половина (ж)	polóvina
dúzia (f)	туце (с)	túce
peça (f)	комад (м)	kómad

dimensão (f)	величина (ж)	veličína
escala (f)	размер (м)	rázmer

mínimo	минималан	mínimalan
menor, mais pequeno	најмањи	nájmanji
médio	средњи	srédnji
máximo	максималан	máksimalan
maior, mais grande	највећи	nájveći

23. Recipientes

boião (m) de vidro	тегла (ж)	tégla
lata (~ de cerveja)	лименка (ж)	límenka
balde (m)	ведро (с)	védro
barril (m)	буре (с)	búre

bacia (~ de plástico)	лавор (м)	lávor
tanque (m)	резервоар (м)	rezervóar
cantil (m) de bolso	чутурица (ж)	čúturica
bidão (m) de gasolina	канта (ж) за гориво	kánta za górivo
cisterna (f)	цистерна (ж)	cistérna

caneca (f)	кригла (ж)	krígla
chávena (f)	шоља (ж)	šólja

pires (m)	тацна (ж)	tácna
copo (m)	чаша (ж)	čáša
taça (f) de vinho	чаша (ж) за вино	čáša za víno
panela, caçarola (f)	шерпа (ж), лонац (м)	šerpa, lónac

| garrafa (f) | боца, флаша (ж) | bóca, fláša |
| gargalo (m) | врат (м) | vrat |

jarro, garrafa (f)	бокал (м)	bókal
jarro (m) de barro	крчаг (м)	kŕčag
recipiente (m)	суд (м)	sud
pote (m)	лонац (м)	lónac
vaso (m)	ваза (ж)	váza

frasco (~ de perfume)	боца (ж)	bóca
frasquinho (ex. ~ de iodo)	бочица (ж)	bóčica
tubo (~ de pasta dentífrica)	туба (ж)	túba

saca (ex. ~ de açúcar)	џак (м)	džak
saco (~ de plástico)	кеса (ж)	késa
maço (m)	паковање (с)	pákovanje

caixa (~ de sapatos, etc.)	кутија (ж)	kútija
caixa (~ de madeira)	сандук (м)	sánduk
cesta (f)	корпа (ж)	kórpa

24. Materiais

material (m)	материјал (м)	materíjal
madeira (f)	дрво (с)	dŕvo
de madeira	дрвен	dŕven

| vidro (m) | стакло (с) | stáklo |
| de vidro | стаклен | stáklen |

| pedra (f) | камен (м) | kámen |
| de pedra | камени | kámeni |

| plástico (m) | пластика (ж) | plástika |
| de plástico | пластичан | plástičan |

| borracha (f) | гума (ж) | gúma |
| de borracha | гумен | gúmen |

| tecido, pano (m) | тканина (ж) | tkánina |
| de tecido | од тканине | od tkaníne |

| papel (m) | папир (м) | pápir |
| de papel | папирни | pápirni |

cartão (m)	картон (м)	kárton
de cartão	картонски	kártonski
polietileno (m)	полиетилен (м)	poliétilen
celofane (m)	целофан (м)	celófan

linóleo (m)	линолеум (м)	linoléum
contraplacado (m)	шперплоча (ж)	špérploča

porcelana (f)	порцелан (м)	porcélan
de porcelana	порцелански	porcélanski
barro (f)	глина (ж)	glína
de barro	глинени	glíneni
cerâmica (f)	керамика (ж)	kerámika
de cerâmica	керамички	kerámički

25. Metais

metal (m)	метал (м)	métal
metálico	металан	métalan
liga (f)	легура (ж)	legúra

ouro (m)	злато (с)	zláto
de ouro	златан	zlátan
prata (f)	сребро (с)	srébro
de prata	сребрен	srébren

ferro (m)	гвожђе (с)	gvóžđe
de ferro	гвозден	gvózden
aço (m)	челик (м)	čélik
de aço	челични	čélični
cobre (m)	бакар (м)	bákar
de cobre	бакарни, бакрени	bákarni, bákreni

alumínio (m)	алуминијум (м)	alumínijum
de alumínio	алуминијумски	alumínijumski
bronze (m)	бронза (ж)	brónza
de bronze	бронзан	brónzan

latão (m)	месинг (м), мјед (ж)	mésing, mjed
níquel (m)	никл (м)	nikl
platina (f)	платина (ж)	plátina
mercúrio (m)	жива (ж)	žíva
estanho (m)	калај (м)	kálaj
chumbo (m)	олово (с)	ólovo
zinco (m)	цинк (м)	cink

O SER HUMANO

O ser humano. O corpo

26. Humanos. Conceitos básicos

ser (m) humano	човек (м)	čóvek
homem (m)	мушкарац (м)	muškárac
mulher (f)	жена (ж)	žéna
criança (f)	дете (с)	déte
menina (f)	девојчица (ж)	devójčica
menino (m)	дечак (м)	déčak
adolescente (m)	тинејџер (м)	tinéjdžer
velho (m)	старац (м)	stárac
velha, anciã (f)	старица (ж)	stárica

27. Anatomia humana

organismo (m)	организам (м)	organízam
coração (m)	срце (с)	sŕce
sangue (m)	крв (ж)	kŕv
artéria (f)	артерија (ж)	árterija
veia (f)	вена (ж)	véna
cérebro (m)	мозак (м)	mózak
nervo (m)	живац (м)	žívac
nervos (m pl)	живци (мн)	žívci
vértebra (f)	кичмени пршљен (м)	kíčmeni pŕšljen
coluna (f) vertebral	кичма (ж)	kíčma
estômago (m)	желудац (м)	žéludac
intestinos (m pl)	црева (мн)	créva
intestino (m)	црево (с)	crévo
fígado (m)	јетра (ж)	jétra
rim (m)	бубрег (м)	búbreg
osso (m)	кост (ж)	kost
esqueleto (m)	костур (м)	kóstur
costela (f)	ребро (с)	rébro
crânio (m)	лобања (ж)	lóbanja
músculo (m)	мишић (м)	míšić
bíceps (m)	бицепс (м)	bíceps
tríceps (m)	трицепс (м)	tríceps
tendão (m)	тетива (ж)	tetíva
articulação (f)	зглоб (м)	zglob

pulmões (m pl)	плућа (мн)	plúća
órgãos (m pl) genitais	полни органи (мн)	pólni orgáni
pele (f)	кожа (ж)	kóža

28. Cabeça

cabeça (f)	глава (ж)	gláva
cara (f)	лице (с)	líce
nariz (m)	нос (м)	nos
boca (f)	уста (мн)	ústa

olho (m)	око (с)	óko
olhos (m pl)	очи (мн)	óči
pupila (f)	зеница (ж)	zénica
sobrancelha (f)	обрва (ж)	óbrva
pestana (f)	трепавица (ж)	trépavica
pálpebra (f)	капак (м), веђа (ж)	kápak, véđa

língua (f)	језик (м)	jézik
dente (m)	зуб (м)	zub
lábios (m pl)	усне (мн)	úsne
maçãs (f pl) do rosto	јагодице (мн)	jágodice
gengiva (f)	десни (мн)	désni
palato (m)	непце (с)	népce

narinas (f pl)	ноздрве (мн)	nózdrve
queixo (m)	брада (ж)	bráda
mandíbula (f)	вилица (ж)	vílica
bochecha (f)	образ (м)	óbraz

testa (f)	чело (с)	čélo
têmpora (f)	слепоочница (ж)	slepoóčnica
orelha (f)	ухо (с)	úho
nuca (f)	потиљак (м)	pótiljak
pescoço (m)	врат (м)	vrat
garganta (f)	грло (с)	gŕlo

cabelos (m pl)	коса (ж)	kósa
penteado (m)	фризура (ж)	frizúra
corte (m) de cabelo	фризура (ж)	frizúra
peruca (f)	перика (ж)	périka

bigode (m)	бркови (мн)	bŕkovi
barba (f)	брада (ж)	bráda
usar, ter (~ barba, etc.)	носити (нг)	nósiti
trança (f)	плетеница (ж)	pleténica
suíças (f pl)	зулуфи (мн)	zulúfi

ruivo	риђ	riđ
grisalho	сед	sed
calvo	ћелав	ćélav
calva (f)	ћела (ж)	ćéla
rabo-de-cavalo (m)	реп (м)	rep
franja (f)	шишке (мн)	šíške

29. Corpo humano

mão (f)	шака (ж)	šáka
braço (m)	рука (ж)	rúka
dedo (m)	прст (м)	pŕst
dedo (m) do pé	ножни прст (м)	nóžni pŕst
polegar (m)	палац (м)	pálac
dedo (m) mindinho	мали прст (м)	máli pŕst
unha (f)	нокат (м)	nókat
punho (m)	песница (ж)	pésnica
palma (f) da mão	длан (м)	dlan
pulso (m)	зглоб (м), запешће (c)	zglob, zápešće
antebraço (m)	подлактица (ж)	pódlaktica
cotovelo (m)	лакат (м)	lákat
ombro (m)	раме (c)	ráme
perna (f)	нога (ж)	nóga
pé (m)	стопало (c)	stópalo
joelho (m)	колено (c)	kóleno
barriga (f) da perna	лист (м)	list
anca (f)	кук (м)	kuk
calcanhar (m)	пета (ж)	péta
corpo (m)	тело (c)	télo
barriga (f)	трбух (м)	tŕbuh
peito (m)	прса (мн)	pŕsa
seio (m)	груди (мн)	grúdi
lado (m)	бок (м)	bok
costas (f pl)	леђа (мн)	léđa
região (f) lombar	крста (ж)	kŕsta
cintura (f)	струк (м)	struk
umbigo (m)	пупак (м)	púpak
nádegas (f pl)	стражњица (ж)	strážnjica
traseiro (m)	задњица (ж)	zádnjica
sinal (m)	младеж (м)	mládež
sinal (m) de nascença	белег, младеж (м)	béleg, mládež
tatuagem (f)	тетоважа (ж)	tetováža
cicatriz (f)	ожиљак (м)	óžiljak

Vestuário & Acessórios

30. Roupa exterior. Casacos

roupa (f)	одећа (ж)	ódeća
roupa (f) exterior	горња одећа (ж)	górnja ódeća
roupa (f) de inverno	зимска одећа (ж)	zímska ódeća
sobretudo (m)	капут (м)	káput
casaco (m) de peles	бунда (ж)	búnda
casaco curto (m) de peles	кратка бунда (ж)	krátka búnda
casaco (m) acolchoado	перјана јакна (ж)	pérjana jákna
casaco, blusão (m)	јакна (ж)	jákna
impermeável (m)	кишни мантил (м)	kíšni mántil
impermeável	водоотпоран	vodoótporan

31. Vestuário de homem & mulher

camisa (f)	кошуља (ж)	kóšulja
calças (f pl)	панталоне (мн)	pantalóne
calças (f pl) de ganga	фармерке (мн)	fármerke
casaco (m) de fato	сако (м)	sáko
fato (m)	одело (с)	odélo
vestido (ex. ~ vermelho)	хаљина (ж)	háljina
saia (f)	сукња (ж)	súknja
blusa (f)	блуза (ж)	blúza
casaco (m) de malha	џемпер (м)	džémper
casaco, blazer (m)	жакет (м)	žáket
T-shirt, camiseta (f)	мајица (ж)	májica
calções (Bermudas, etc.)	шорц, шортс (м)	šorc, šorts
fato (m) de treino	спортски костим (м)	spórtski kóstim
roupão (m) de banho	баде мантил (м)	báde mántil
pijama (m)	пиџама (ж)	pidžáma
suéter (m)	џемпер (м)	džémper
pulôver (m)	пуловер (м)	pulóver
colete (m)	прслук (м)	přsluk
fraque (m)	фрак (м)	frak
smoking (m)	смокинг (м)	smóking
uniforme (m)	униформа (ж)	úniforma
roupa (f) de trabalho	радна одећа (ж)	rádna ódeća
fato-macaco (m)	комбинезон (м)	kombinézon
bata (~ branca, etc.)	мантил (м)	mántil

32. Vestuário. Roupa interior

roupa (f) interior	доње рубље (c)	dónje rúblje
cuecas boxer (f pl)	мушке гаће (мн)	múške gáće
cuecas (f pl)	гаћице (мн)	gáćice
camisola (f) interior	мајица (ж)	májica
peúgas (f pl)	чарапе (мн)	čárape

camisa (f) de noite	спаваћица (ж)	spavaćica
sutiã (m)	грудњак (м)	grúdnjak
meias longas (f pl)	доколенице (мн)	dokolénice
meia-calça (f)	хулахопке (мн)	húlahopke
meias (f pl)	чарапе (мн)	čárape
fato (m) de banho	купаћи костим (м)	kúpaći kóstim

33. Adereços de cabeça

chapéu (m)	капа (ж)	kápa
chapéu (m) de feltro	шешир (м)	šéšir
boné (m) de beisebol	бејзбол качкет (м)	béjzbol káčket
boné (m)	енглеска капа (ж), качкет (м)	éngleska kápa, káčket

boina (f)	берета, беретка (ж)	beréta, beretka
capuz (m)	капуљача (ж)	kapúljača
panamá (m)	панама-шешир (м)	panáma-šéšir
gorro (m) de malha	плетена капа (ж)	plétena kápa

lenço (m)	марама (ж)	márama
chapéu (m) de mulher	женски шешир (м)	žénski šéšir

capacete (m) de proteção	кацига (ж), шлем (м)	káciga, šlem
bibico (m)	титовка (ж)	títovka
capacete (m)	шлем (м)	šlem

chapéu-coco (m)	полуцилиндар (м)	pólucilindar
chapéu (m) alto	цилиндар (м)	cilíndar

34. Calçado

calçado (m)	обућа (ж)	óbuća
botinas (f pl)	ципеле (мн)	cípele
sapatos (de salto alto, etc.)	ципеле (мн)	cípele
botas (f pl)	чизме (мн)	čízme
pantufas (f pl)	папуче (мн)	pápuče

ténis (m pl)	патике (мн)	pátike
sapatilhas (f pl)	патике (мн)	pátike
sandálias (f pl)	сандале (мн)	sandále

sapateiro (m)	обућар (м)	óbućar
salto (m)	потпетица (ж)	pótpetica

par (m)	пар (м)	par
atacador (m)	пертла (ж)	pértla
apertar os atacadores	шнирати (пг)	šnírati
calçadeira (f)	кашика (ж) за ципеле	kášika za cípele
graxa (f) para calçado	крема (ж) за обућу	kréma za óbuću

35. Têxtil. Tecidos

algodão (m)	памук (м)	pámuk
de algodão	памучан	pámučan
linho (m)	лан (м)	lan
de linho	од лана	od lána
seda (f)	свила (ж)	svíla
de seda	свилен	svílen
lã (f)	вуна (ж)	vúna
de lã	вунен	vúnen
veludo (m)	плиш, сомот (м)	pliš, sómot
camurça (f)	антилоп (м)	ántilop
bombazina (f)	сомот (м)	sómot
náilon (m)	најлон (м)	nájlon
de náilon	од најлона	od nájlona
poliéster (m)	полиестер (м)	poliéster
de poliéster	од полиестра	od poliéstra
couro (m)	кожа (ж)	kóža
de couro	од коже	od kóže
pele (f)	крзно (с)	kŕzno
de peles, de pele	крзнени	kŕzneni

36. Acessórios pessoais

luvas (f pl)	рукавице (мн)	rukávice
mitenes (f pl)	рукавице (мн) с једним прстом	rukávice s jednim prstom
cachecol (m)	шал (м)	šal
óculos (m pl)	наочаре (мн)	náočare
armação (f) de óculos	оквир (м)	ókvir
guarda-chuva (m)	кишобран (м)	kíšobran
bengala (f)	штап (м)	štap
escova (f) para o cabelo	четка (ж) за косу	čétka za kósu
leque (m)	лепеза (ж)	lepéza
gravata (f)	краватa (ж)	kraváta
gravata-borboleta (f)	лептир машна (ж)	léptir mášna
suspensórios (m pl)	трегери (мн)	trégeri
lenço (m)	џепна марамица (ж)	džépna máramica
pente (m)	чешаљ (м)	čéšalj
travessão (m)	шнала (ж)	šnála

| gancho (m) de cabelo | укосница (ж) | úkosnica |
| fivela (f) | копча (ж) | kópča |

| cinto (m) | каиш (м) | káiš |
| correia (f) | каиш (м) | káiš |

mala (f)	торба (ж)	tórba
mala (f) de senhora	ташна (ж)	tášna
mochila (f)	ранац (м)	ránac

37. Vestuário. Diversos

moda (f)	мода (ж)	móda
na moda	модеран	móderan
estilista (m)	модни креатор (м)	módni kreátor

colarinho (m), gola (f)	овратник (м)	óvratnik
bolso (m)	џеп (м)	džep
de bolso	џепни	džépni
manga (f)	рукав (м)	rúkav
alcinha (f)	вешалица (ж)	véšalica
braguilha (f)	шлиц (м)	šlic

fecho (m) de correr	рајсфершлус (м)	rájsferšlus
fecho (m), colchete (m)	копча (ж)	kópča
botão (m)	дугме (с)	dúgme
casa (f) de botão	рупица (ж)	rúpica
soltar-se (vr)	откинути се	ótkinuti se

coser, costurar (vi)	шити (нг, пг)	šíti
bordar (vt)	вести (нг, пг)	vésti
bordado (m)	вез (м)	vez
agulha (f)	игла (ж)	ígla
fio (m)	конац (м)	kónac
costura (f)	шав (м)	šav

sujar-se (vr)	испрљати се	ispŕljati se
mancha (f)	мрља (ж)	mŕlja
engelhar-se (vr)	изгужвати се	izgúžvati se
rasgar (vt)	цепати (пг)	cépati
traça (f)	мољац (м)	móljac

38. Cuidados pessoais. Cosméticos

pasta (f) de dentes	паста (ж) за зубе	pásta za zúbe
escova (f) de dentes	четкица (ж) за зубе	čétkica za zúbe
escovar os dentes	прати зубе	práti zúbe

máquina (f) de barbear	бријач (м)	bríjač
creme (m) de barbear	крема (ж) за бријање	kréma za bríjanje
barbear-se (vr)	бријати се	bríjati se
sabonete (m)	сапун (м)	sápun

champô (m)	шампон (м)	šámpon
tesoura (f)	маказе (мн)	mákaze
lima (f) de unhas	турпија (ж) за нокте	túrpija za nokte
corta-unhas (m)	грицкалица (ж) за нокте	gríckalica za nókte
pinça (f)	пинцета (ж)	pincéta

cosméticos (m pl)	козметика (ж)	kozmétika
máscara (f) facial	маска (ж)	máska
manicura (f)	маникир (м)	mánikir
fazer a manicura	радити маникир	ráditi mánikir
pedicure (f)	педикир (м)	pédikir

mala (f) de maquilhagem	козметичка торбица (ж)	kozmétička tórbica
pó (m)	пудер (м)	púder
caixa (f) de pó	пудријера (ж)	pudrijéra
blush (m)	руменило (с)	ruménilo

perfume (m)	парфем (м)	párfem
água (f) de toilette	тоалетна вода (ж)	tóaletna vóda
loção (f)	лосион (м)	lósion
água-de-colónia (f)	колоњска вода (ж)	kólonjska vóda

sombra (f) de olhos	сенка (ж) за очи	sénka za óči
lápis (m) delineador	оловка (ж) за очи	ólovka za óči
máscara (f), rímel (m)	маскара (ж)	máskara

batom (m)	кармин (м)	kármin
verniz (m) de unhas	лак (м) за нокте	lak za nókte
laca (f) para cabelos	лак (м) за косу	lak za kósu
desodorizante (m)	дезодоранс (м)	dezodórans

creme (m)	крема (ж)	kréma
creme (m) de rosto	крема (ж) за лице	kréma za líce
creme (m) de mãos	крема (ж) за руке	kréma za rúke
creme (m) antirrugas	крема (ж) против бора	kréma prótiv bóra
creme (m) de dia	дневна крема (ж)	dnévna kréma
creme (m) de noite	ноћна крема (ж)	nóćna kréma
de dia	дневни	dnévni
da noite	ноћни	nóćni

tampão (m)	тампон (м)	támpon
papel (m) higiénico	тоалет-папир (м)	toálet-pápir
secador (m) elétrico	фен (м)	fen

39. Joalheria

joias (f pl)	накит (м)	nákit
precioso	драгоцен	dragócen
marca (f) de contraste	жиг (м)	žig

anel (m)	прстен (м)	pŕsten
aliança (f)	бурма (ж)	búrma
pulseira (f)	наруквица (ж)	nárukvica
brincos (m pl)	минђуше (мн)	mínđuše

colar (m)	огрлица (ж)	ógrlica
coroa (f)	круна (ж)	krúna
colar (m) de contas	огрлица (ж) од перли	ógrlica od pérli

diamante (m)	дијамант (м)	dijámant
esmeralda (f)	смарагд (м)	smáragd
rubi (m)	рубин (м)	rúbin
safira (f)	сафир (м)	sáfir
pérola (f)	бисер (м)	bíser
âmbar (m)	ћилибар (м)	ćilíbar

40. Relógios de pulso. Relógios

relógio (m) de pulso	сат (м)	sat
mostrador (m)	бројчаник (м)	brojčánik
ponteiro (m)	казаљка (ж)	kázaljka
bracelete (f) em aço	наруквица (ж)	nárukvica
bracelete (f) em couro	каиш (м) за сат	káiš za sat

pilha (f)	батерија (ж)	báterija
descarregar-se	испразнити се	isprázniti se
trocar a pilha	заменити батерију	zaméniti batériju
estar adiantado	журити (нг)	žúriti
estar atrasado	заостајати (нг)	zaóstajati

relógio (m) de parede	зидни сат (м)	zídni sat
ampulheta (f)	пешчани сат (м)	péščani sat
relógio (m) de sol	сунчани сат (м)	súnčani sat
despertador (m)	будилник (м)	búdilnik
relojoeiro (m)	часовничар (м)	čásovničar
reparar (vt)	поправљати (пг)	pópravljati

Alimentação. Nutrição

41. Comida

carne (f)	месо (с)	méso
galinha (f)	пилетина, кокош (ж)	píletina, kokoš
frango (m)	пиле (с)	píle
pato (m)	патка (ж)	pátka
ganso (m)	гуска (ж)	gúska
caça (f)	дивљач (ж)	dívljač
peru (m)	ћуретина (ж)	ćurétina
carne (f) de porco	свињетина (ж)	svínjetina
carne (f) de vitela	телетина (ж)	téletina
carne (f) de carneiro	јагњетина (ж)	jágnjetina
carne (f) de vaca	говедина (ж)	góvedina
carne (f) de coelho	зец (м)	zec
chouriço, salsichão (m)	кобасица (ж)	kobásica
salsicha (f)	виршла (ж)	víršla
bacon (m)	сланина (ж)	slánina
fiambre (f)	шунка (ж)	šúnka
presunto (m)	шунка (ж)	šúnka
patê (m)	паштета (ж)	paštéta
fígado (m)	џигерица (ж)	džígerica
carne (f) moída	млевено месо (с)	mléveno méso
língua (f)	језик (м)	jézik
ovo (m)	јаје (с)	jáje
ovos (m pl)	јаја (мн)	jája
clara (f) do ovo	беланце (с)	belánce
gema (f) do ovo	жуманце (с)	žumánce
peixe (m)	риба (ж)	ríba
mariscos (m pl)	морски плодови (мн)	mórski plódovi
crustáceos (m pl)	ракови (мн)	rákovi
caviar (m)	кавијар (м)	kávijar
caranguejo (m)	краба (ж)	krába
camarão (m)	шкамп (м)	škamp
ostra (f)	острига (ж)	óstriga
lagosta (f)	јастог (м)	jástog
polvo (m)	хоботница (ж)	hóbotnica
lula (f)	лигња (ж)	lígnja
esturjão (m)	јесетра (ж)	jésetra
salmão (m)	лосос (м)	lósos
halibute (m)	пацифички лист (м)	pacífički list
bacalhau (m)	бакалар (м)	bakálar

cavala, sarda (f)	скуша (ж)	skúša
atum (m)	туњевина (ж)	túnjevina
enguia (f)	јегуља (ж)	jégulja

truta (f)	пастрмка (ж)	pástrmka
sardinha (f)	сардина (ж)	sardína
lúcio (m)	штука (ж)	štúka
arenque (m)	харинга (ж)	háringa

pão (m)	хлеб (м)	hleb
queijo (m)	сир (м)	sir
açúcar (m)	шећер (м)	šéćer
sal (m)	со (ж)	so

arroz (m)	пиринач (м)	pírinač
massas (f pl)	макарони (мн)	mákaroni
talharim (m)	резанци (мн)	rezánci

manteiga (f)	маслац (м)	máslac
óleo (m) vegetal	зејтин (м)	zéjtin
óleo (m) de girassol	сунцокретово уље (с)	súncokretovo úlje
margarina (f)	маргарин (м)	margárin

| azeitonas (f pl) | маслине (мн) | másline |
| azeite (m) | маслиново уље (с) | máslinovo úlje |

leite (m)	млеко (с)	mléko
leite (m) condensado	кондензовано млеко (с)	kondenzóvano mléko
iogurte (m)	јогурт (м)	jógurt
nata (f) azeda	кисела павлака (ж)	kísela pávlaka
nata (f) do leite	павлака (ж)	pávlaka

| maionese (f) | мајонез (м), мајонеза (ж) | majonéz, majonéza |
| creme (m) | крем (м) | krem |

grãos (m pl) de cereais	житарице (мн)	žitárice
farinha (f)	брашно (с)	brášno
enlatados (m pl)	конзерве (мн)	konzérve

flocos (m pl) de milho	кукурузне пахуљице (мн)	kukúruzne pahúljice
mel (m)	мед (м)	med
doce (m)	џем (м), мармелада (ж)	džem, marmeláda
pastilha (f) elástica	гума (ж) за жвакање	gúma za žvákanje

42. Bebidas

água (f)	вода (ж)	vóda
água (f) potável	питка вода (ж)	pítka vóda
água (f) mineral	кисела вода (ж)	kísela vóda

sem gás	негазиран	negazíran
gaseificada	газиран	gazíran
com gás	газиран	gazíran
gelo (m)	лед (м)	led

com gelo	са ледом	sa lédom
sem álcool	безалкохолан	bézalkoholan
bebida (f) sem álcool	безалкохолно пиће (c)	bézalkoholno píće
refresco (m)	освежавајући напитак (м)	osvežávajući nápitak
limonada (f)	лимунада (ж)	limunáda
bebidas (f pl) alcoólicas	алкохолна пића (мн)	álkoholna píća
vinho (m)	вино (c)	víno
vinho (m) branco	бело вино (c)	bélo víno
vinho (m) tinto	црно вино (c)	cŕno víno
licor (m)	ликер (м)	líker
champanhe (m)	шампањац (м)	šampánjac
vermute (m)	вермут (м)	vérmut
uísque (m)	виски (м)	víski
vodka (f)	вотка (ж)	vótka
gim (m)	џин (м)	džin
conhaque (m)	коњак (м)	kónjak
rum (m)	рум (м)	rum
café (m)	кафа (ж)	káfa
café (m) puro	црна кафа (ж)	cŕna káfa
café (m) com leite	кафа (ж) са млеком	káfa sa mlékom
cappuccino (m)	капучино (м)	kapučíno
café (m) solúvel	инстант кафа (ж)	ínstant káfa
leite (m)	млеко (c)	mléko
coquetel (m)	коктел (м)	kóktel
batido (m) de leite	милкшејк (м)	mílkšejk
sumo (m)	сок (м)	sok
sumo (m) de tomate	сок (м) од парадајза	sok od parádajza
sumo (m) de laranja	сок (м) од наранџе	sok od nárandže
sumo (m) fresco	свеже цеђени сок (м)	svéže céđeni sok
cerveja (f)	пиво (c)	pívo
cerveja (f) clara	светло пиво (c)	svétlo pívo
cerveja (f) preta	тамно пиво (c)	támno pívo
chá (m)	чај (м)	čaj
chá (m) preto	црни чај (м)	cŕni čaj
chá (m) verde	зелени чај (м)	zéleni čaj

43. Vegetais

legumes (m pl)	поврће (c)	póvrće
verduras (f pl)	зелен (ж)	zélen
tomate (m)	парадајз (м)	parádajz
pepino (m)	краставац (м)	krástavac
cenoura (f)	шаргарепа (ж)	šargarépa
batata (f)	кромпир (м)	krómpir
cebola (f)	црни лук (м)	cŕni luk

alho (m)	бели лук (м)	béli luk
couve (f)	купус (м)	kúpus
couve-flor (f)	карфиол (м)	karfíol
couve-de-bruxelas (f)	прокељ (м)	prókelj
brócolos (m pl)	брокуле (мн)	brókule
beterraba (f)	цвекла (ж)	cvékla
beringela (f)	патлиџан (м)	patlidžán
curgete (f)	тиквица (ж)	tíkvica
abóbora (f)	тиква (ж)	tíkva
nabo (m)	репа (ж)	répa
salsa (f)	першун (м)	péršun
funcho, endro (m)	мирођија (ж)	miróđija
alface (f)	зелена салата (ж)	zélena saláta
aipo (m)	целер (м)	céler
espargo (m)	шпаргла (ж)	špárgla
espinafre (m)	спанаћ (м)	spánać
ervilha (f)	грашак (м)	grášak
fava (f)	махунарке (мн)	mahúnarke
milho (m)	кукуруз (м)	kukúruz
feijão (m)	пасуљ (м)	pásulj
pimentão (m)	паприка (ж)	páprika
rabanete (m)	ротквица (ж)	rótkvica
alcachofra (f)	артичока (ж)	artičóka

44. Frutos. Nozes

fruta (f)	воће (с)	vóće
maçã (f)	јабука (ж)	jábuka
pera (f)	крушка (ж)	krúška
limão (m)	лимун (м)	límun
laranja (f)	наранџа (ж)	nárandža
morango (m)	јагода (ж)	jágoda
tangerina (f)	мандарина (ж)	mandarína
ameixa (f)	шљива (ж)	šljíva
pêssego (m)	бресква (ж)	bréskva
damasco (m)	кајсија (ж)	kájsija
framboesa (f)	малина (ж)	málina
ananás (m)	ананас (м)	ánanas
banana (f)	банана (ж)	banána
melancia (f)	лубеница (ж)	lubénica
uva (f)	грожђе (с)	gróžđe
ginja (f)	вишња (ж)	víšnja
cereja (f)	трешња (ж)	tréšnja
meloa (f)	диња (ж)	dínja
toranja (f)	грејпфрут (м)	gréjpfrut
abacate (m)	авокадо (м)	avokádo
papaia (f)	папаја (ж)	papája

manga (f)	манго (м)	mángo
romã (f)	нар (м)	nar

groselha (f) vermelha	црвена рибизла (ж)	crvéna ríbizla
groselha (f) preta	црна рибизла (ж)	cŕna ríbizla
groselha (f) espinhosa	огрозд (м)	ógrozd
mirtilo (m)	боровница (ж)	boróvnica
amora silvestre (f)	купина (ж)	kupína

uvas (f pl) passas	суво грожђе (с)	súvo gróžđe
figo (m)	смоква (ж)	smókva
tâmara (f)	урма (ж)	úrma

amendoim (m)	кикирики (м)	kikiríki
amêndoa (f)	бадем (м)	bádem
noz (f)	орах (м)	órah
avelã (f)	лешник (м)	léšnik
coco (m)	кокосов орах (м)	kókosov órah
pistáchios (m pl)	пистаћи (мн)	pistáći

45. Pão. Bolaria

pastelaria (f)	посластице (мн)	póslastice
pão (m)	хлеб (м)	hleb
bolacha (f)	колачић (м)	koláčić

chocolate (m)	чоколада (ж)	čokoláda
de chocolate	чоколадни	čókoladni
rebuçado (m)	бомбона (ж)	bombóna
bolo (cupcake, etc.)	колач (м)	kólač
bolo (m) de aniversário	торта (ж)	tórta

tarte (~ de maçã)	пита (ж)	píta
recheio (m)	надев (м)	nádev

doce (m)	слатко (с)	slátko
geleia (f) de frutas	мармелада (ж)	marmeláda
waffle (m)	облатне (мн)	óblatne
gelado (m)	сладолед (м)	sládoled
pudim (m)	пудинг (м)	púding

46. Pratos cozinhados

prato (m)	јело (с)	jélo
cozinha (~ portuguesa)	кухиња (ж)	kúhinja
receita (f)	рецепт (м)	récept
porção (f)	порција (ж)	pórcija

salada (f)	салата (ж)	saláta
sopa (f)	супа (ж)	súpa
caldo (m)	буљон (м)	búljon
sandes (f)	сендвич (м)	séndvič

ovos (m pl) estrelados	пржена jaja (мн)	přžena jája
hambúrguer (m)	хамбургер (м)	hámburger
bife (m)	бифтек (м)	bíftek

conduto (m)	прилог (м)	prílog
espaguete (m)	шпагете (мн)	špagéte
puré (m) de batata	кромпир пире (м)	krómpir píre
pizza (f)	пица (ж)	píca
papa (f)	каша (ж)	káša
omelete (f)	омлет (м)	ómlet

cozido em água	кувани	kúvani
fumado	димљени	dímljeni
frito	пржени	přženi
seco	сув	suv
congelado	замрзнут	zámrznut
em conserva	маринирани	marinírani

doce (açucarado)	сладак	sládak
salgado	слан	slan
frio	хладан	hládan
quente	врућ	vruć
amargo	горак	górak
gostoso	укусан	úkusan

cozinhar (em água a ferver)	барити (nr)	báriti
fazer, preparar (vt)	кувати (nr)	kúvati
fritar (vt)	пржити (nr)	přžiti
aquecer (vt)	подгревати (nr)	podgrévati

salgar (vt)	солити (nr)	sóliti
apimentar (vt)	биберити (nr)	bíberiti
ralar (vt)	рендати (nr)	réndati
casca (f)	кора (ж)	kóra
descascar (vt)	љуштити (nr)	ljúštiti

47. Especiarias

sal (m)	со (ж)	so
salgado	слан	slan
salgar (vt)	солити (nr)	sóliti

pimenta (f) preta	црни бибер (м)	cŕni bíber
pimenta (f) vermelha	црвени бибер (м)	cŕveni bíber
mostarda (f)	сенф (м)	senf
raiz-forte (f)	рен, хрен (м)	ren, hren

condimento (m)	зачин (м)	záčin
especiaria (f)	зачин (м)	záčin
molho (m)	сос (м)	sos
vinagre (m)	сирће (c)	sírće

| anis (m) | анис (м) | ánis |
| manjericão (m) | босиљак (м) | bósiljak |

cravo (m)	каранфил (м)	karánfil
gengibre (m)	ђумбир (м)	đúmbir
coentro (m)	коријандер (м)	korijánder
canela (f)	цимет (м)	címet
sésamo (m)	сусам (м)	súsam
folhas (f pl) de louro	ловор (м)	lóvor
páprica (f)	паприка (ж)	páprika
cominho (m)	ким (м)	kim
açafrão (m)	шафран (м)	šáfran

48. Refeições

comida (f)	храна (ж)	hrána
comer (vt)	јести (нг, пг)	jésti
pequeno-almoço (m)	доручак (м)	dóručak
tomar o pequeno-almoço	доручковати (нг)	dóručkovati
almoço (m)	ручак (м)	rúčak
almoçar (vi)	ручати (нг)	rúčati
jantar (m)	вечера (ж)	véčera
jantar (vi)	вечерати (нг)	véčerati
apetite (m)	апетит (м)	apétit
Bom apetite!	Пријатно!	Príjatno!
abrir (~ uma lata, etc.)	отварати (пг)	otvárati
derramar (vt)	пролити (пг)	próliti
derramar-se (vr)	пролити се	próliti se
ferver (vi)	кључати (нг)	kljúčati
ferver (vt)	кључати (пг)	kljúčati
fervido	кувани	kúvani
arrefecer (vt)	охладити (пг)	ohláditi
arrefecer-se (vr)	охлађивати се	ohlađívati se
sabor, gosto (m)	укус (м)	úkus
gostinho (m)	укус (м)	úkus
fazer dieta	смршати (нг)	smŕšati
dieta (f)	дијета (ж)	dijéta
vitamina (f)	витамин (м)	vitámin
caloria (f)	калорија (ж)	kalórija
vegetariano (m)	вегетаријанац (м)	vegetarijánac
vegetariano	вегетаријански	vegetaríjanski
gorduras (f pl)	масти (мн)	másti
proteínas (f pl)	беланчевине (мн)	belánčevine
carboidratos (m pl)	угљени хидрати (мн)	úgljeni hidráti
fatia (~ de limão, etc.)	парче (с)	párče
pedaço (~ de bolo)	комад (м)	kómad
migalha (f)	мрва (ж)	mŕva

49. Por a mesa

colher (f)	кашика (ж)	kášika
faca (f)	нож (м)	nož
garfo (m)	виљушка (ж)	víljuška
chávena (f)	шоља (ж)	šólja
prato (m)	тањир (м)	tánjir
pires (m)	тацна (ж)	tácna
guardanapo (m)	салвета (ж)	salvéta
palito (m)	чачкалица (ж)	čáčkalica

50. Restaurante

restaurante (m)	ресторан (м)	restóran
café (m)	кафић (м), кафана (ж)	káfić, kafána
bar (m), cervejaria (f)	бар (м)	bar
salão (m) de chá	чајџиница (ж)	čájdžinica
empregado (m) de mesa	конобар (м)	kónobar
empregada (f) de mesa	конобарица (ж)	konobárica
barman (m)	бармен (м)	bármen
ementa (f)	јеловник (м)	jélovnik
lista (f) de vinhos	винска карта (ж)	vínska kárta
reservar uma mesa	резервисати сто	rezervísati sto
prato (m)	јело (c)	jélo
pedir (vt)	наручити (пг)	narúčiti
fazer o pedido	наручити	narúčiti
aperitivo (m)	аперитив (м)	áperitiv
entrada (f)	предјело (c)	prédjelo
sobremesa (f)	десерт (м)	désert
conta (f)	рачун (м)	ráčun
pagar a conta	платити рачун	plátiti ráčun
dar o troco	вратити кусур	vrátiti kúsur
gorjeta (f)	бакшиш (м)	bákšiš

Família, parentes e amigos

nome (m)	име (c)	íme
apelido (m)	презиме (c)	prézime
data (f) de nascimento	датум (м) рођења	dátum rođénja
local (m) de nascimento	место (c) рођења	mésto rođénja
nacionalidade (f)	националност (ж)	nacionálnost
lugar (m) de residência	пребивалиште (c)	prébivalište
país (m)	земља (ж)	zémlja
profissão (f)	професија (ж)	profésija
sexo (m)	пол (м)	pol
estatura (f)	раст (м)	rast
peso (m)	тежина (ж)	težína

mãe (f)	мајка (ж)	májka
pai (m)	отац (м)	ótac
filho (m)	син (м)	sin
filha (f)	кћи (ж)	kći
filha (f) mais nova	млађа кћи (ж)	mláđa kći
filho (m) mais novo	млађи син (м)	mláđi sin
filha (f) mais velha	најстарија кћи (ж)	nájstarija kći
filho (m) mais velho	најстарији син (м)	nájstariji sin
irmão (m)	брат (м)	brat
irmão (m) mais velho	старији брат (м)	stáriji brat
irmão (m) mais novo	млађи брат (м)	mláđi brat
irmã (f)	сестра (ж)	séstra
irmã (f) mais velha	старија сестра (ж)	stárija séstra
irmã (f) mais nova	млађа сестра (ж)	mláđa séstra
primo (m)	рођак (м)	róđak
prima (f)	рођака (ж)	róđaka
mamã (f)	мама (ж)	máma
papá (m)	тата (м)	táta
pais (pl)	родитељи (мн)	róditelji
criança (f)	дете (c)	déte
crianças (f pl)	деца (мн)	déca
avó (f)	бака (ж)	báka
avô (m)	деда (м)	déda
neto (m)	унук (м)	únuk

| neta (f) | унука (ж) | únuka |
| netos (pl) | унуци (мн) | únuci |

tio (m)	ујак, стриц (м)	újak, stric
tia (f)	ујна, стрина (ж)	újna, strína
sobrinho (m)	нећак, сестрић (м)	nećak, séstrić
sobrinha (f)	нећакиња, сестричина (ж)	nećákinja, séstričina

sogra (f)	ташта (ж)	tášta
sogro (m)	свекар (м)	svékar
genro (m)	зет (м)	zet
madrasta (f)	маћеха (ж)	máćeha
padrasto (m)	очух (м)	óčuh

criança (f) de colo	беба (ж)	béba
bebé (m)	беба (ж)	béba
menino (m)	мало дете (с), беба (ж)	málo déte, béba

mulher (f)	жена (ж)	žéna
marido (m)	муж (м)	muž
esposo (m)	супруг (м)	súprug
esposa (f)	супруга (ж)	súpruga

casado	ожењен	óženjen
casada	удата	údata
solteiro	неожењен	neóženjen
solteirão (m)	нежења (м)	néženja
divorciado	разведен	razvéden
viúva (f)	удовица (ж)	udóvica
viúvo (m)	удовац (м)	údovac

parente (m)	рођак (м)	róđak
parente (m) próximo	блиски рођак (м)	blíski róđak
parente (m) distante	даљи рођак (м)	dálji róđak
parentes (m pl)	рођаци (мн)	róđaci

órfão (m), órfã (f)	сироче (с)	siróče
tutor (m)	старатељ (м)	stáratelj
adotar (um filho)	усвојити (пг)	usvójiti
adotar (uma filha)	усвојити (пг)	usvójiti

53. Amigos. Colegas de trabalho

amigo (m)	пријатељ (м)	príjatelj
amiga (f)	пријатељица (ж)	prijatéljica
amizade (f)	пријатељство (с)	prijatéljstvo
ser amigos	дружити се	drúžiti se

amigo (m)	пријатељ (м)	príjatelj
amiga (f)	пријатељица (ж)	prijatéljica
parceiro (m)	партнер (м)	pártner

| chefe (m) | шеф (м) | šef |
| superior (m) | начелник (м) | náčelnik |

proprietário (m)	власник (м)	vlásnik
subordinado (m)	потчињени (м)	pótčinjeni
colega (m)	колега (м)	koléga

conhecido (m)	познаник (м)	póznanik
companheiro (m) de viagem	сапутник (м)	sáputnik
colega (m) de classe	школски друг (м)	škólski drug

vizinho (m)	комшија (м)	kómšija
vizinha (f)	комшиница (ж)	kómšinica
vizinhos (pl)	комшије (мн)	kómšije

54. Homem. Mulher

mulher (f)	жена (ж)	žéna
rapariga (f)	девојка (ж)	dévojka
noiva (f)	млада, невеста (ж)	mláda, névesta

bonita	лепа	lépa
alta	висока	vísoka
esbelta	витка	vítka
de estatura média	ниска	níska

| loura (f) | плавуша (ж) | plávuša |
| morena (f) | црнка (ж) | cŕnka |

de senhora	дамски	dámski
virgem (f)	девица (ж)	dévica
grávida	трудна	trúdna

homem (m)	мушкарац (м)	muškárac
louro (m)	плавушан (м)	plávušan
moreno (m)	бринет (м)	brínet
alto	висок	vísok
de estatura média	низак	nízak

rude	груб	grub
atarracado	здепаст	zdépast
robusto	jак	jak
forte	снажан	snážan
força (f)	снага (ж)	snága

gordo	дебео	débeo
moreno	тамнопут, гарав	támnoput, gárav
esbelto	витак	vítak
elegante	елегантан	elegántan

55. Idade

idade (f)	узраст (м), старост (ж)	úzrast, stárost
juventude (f)	младост (ж)	mládost
jovem	млад	mlad

| mais novo | млађи | mláđi |
| mais velho | старији | stáriji |

jovem (m)	младић (м)	mládić
adolescente (m)	тинејџер (м)	tinéjdžer
rapaz (m)	момак (м)	mómak

| velho (m) | старац (м) | stárac |
| velhota (f) | старица (ж) | stárica |

adulto	одрасла особа (ж)	ódrasla ósoba
de meia-idade	средовјечни	srédovječni
idoso, de idade	постарији	póstariji
velho	стар	star

reforma (f)	пензија (ж)	pénzija
reformar-se (vr)	отићи у пензију	ótići u pénziju
reformado (m)	пензионер (м)	penzióner

56. Crianças

criança (f)	дете (с)	déte
crianças (f pl)	деца (мн)	déca
gémeos (m pl)	близанци (мн)	blizánci

berço (m)	колевка (ж)	kólevka
guizo (m)	звечка (ж)	zvéčka
fralda (f)	пелена (ж)	pélena

chupeta (f)	цуцла (ж)	cúcla
carrinho (m) de bebé	дечија колица (мн)	déčija kolíca
jardim (m) de infância	обданиште (с)	óbdanište
babysitter (f)	дадиља (ж)	dádilja

infância (f)	детињство (с)	detínjstvo
boneca (f)	лутка (ж)	lútka
brinquedo (m)	играчка (ж)	ígračka
jogo (m) de armar	конструктор (м)	konstrúktor

bem-educado	васпитан	váspitan
mal-educado	неваспитан	neváspitan
mimado	размажен	rázmažen

ser travesso	бити несташан	bíti néstašan
travesso, traquinas	несташан	néstašan
travessura (f)	несташлук (м)	néstašluk
criança (f) travessa	несташко (м)	néstaško

| obediente | послушан | póslušan |
| desobediente | непослушан | néposlušan |

dócil	паметан, послушан	pámetan, póslušan
inteligente	паметан	pámetan
menino (m) prodígio	вундеркинд (м)	vúnderkind

57. Casais. Vida de família

beijar (vt)	љубити (нг)	ljúbiti
beijar-se (vr)	љубити се	ljúbiti se
família (f)	породица (ж)	pórodica
familiar	породични	pórodični
casal (m)	пар (м)	par
matrimónio (m)	брак (м)	brak
lar (m)	домаће огњиште (c)	domáće ógnjište
dinastia (f)	династија (ж)	dinástija
encontro (m)	сусрет (м)	súsret
beijo (m)	пољубац (м)	póljubac
amor (m)	љубав (ж)	ljúbav
amar (vt)	волети (нг)	vóleti
amado, querido	вољени	vóljeni
ternura (f)	нежност (ж)	néžnost
terno, afetuoso	нежан	néžan
fidelidade (f)	верност (ж)	vérnost
fiel	веран	véran
cuidado (m)	брига (ж)	bríga
carinhoso	брижан	brížan
recém-casados (m pl)	младенци (мн)	mládenci
casar-se (com uma mulher)	женити се	žéniti se
boda (f)	свадба (ж)	svádba
bodas (f pl) de ouro	златна свадба (ж)	zlátna svádba
aniversário (m)	годишњица (ж)	gódišnjica
amante (m)	љубавник (м)	ljúbavnik
amante (f)	љубавница (ж)	ljúbavnica
adultério (m)	превара (ж)	prévara
cometer adultério	преварити (нг)	prévariti
ciumento	љубоморан	ljúbomoran
ser ciumento	бити љубоморан	bíti ljúbomoran
divórcio (m)	развод (м)	rázvod
divorciar-se (vr)	развести се	rázvesti se
brigar (discutir)	свађати се	sváđati se
fazer as pazes	мирити се	míriti se
juntos	заједно	zájedno
sexo (m)	секс (м)	seks
felicidade (f)	срећа (ж)	sréća
feliz	срећан	sréćan
infelicidade (f)	несрећа (ж)	nésreća
infeliz	несрећан	nésrećan

Caráter. Sentimentos. Emoções

58. Sentimentos. Emoções

sentimento (m)	осећај (м)	ósećaj
sentimentos (m pl)	осећања (мн)	ósećanja
sentir (vt)	осећати (нг)	ósećati
fome (f)	глад (ж)	glád
ter fome	бити гладан	bíti gládan
sede (f)	жеђ (ж)	žeđ
ter sede	бити жедан	bíti žédan
sonolência (f)	поспаност (ж)	póspanost
estar sonolento	бити поспан	bíti póspan
cansaço (m)	умор (м)	úmor
cansado	уморан	úmoran
ficar cansado	уморити се	umóriti se
humor (m)	расположење (с)	raspoložénje
tédio (m)	досада (ж)	dósada
aborrecer-se (vr)	досађивати се	dosađívati se
isolamento (m)	самоћа (ж)	samóća
isolar-se	усамити се	usámiti se
preocupar (vt)	узнемиравати (нг)	uznemirávati
preocupar-se (vr)	бринути се	brínuti se
preocupação (f)	брига (ж)	bríga
ansiedade (f)	анксиозност (ж)	anksióznost
preocupado	забринут, преокупиран	zábrinut, preokupiran
estar nervoso	бити нервозан	bíti nérvozan
entrar em pânico	паничити (нг)	páničiti
esperança (f)	нада (ж)	náda
esperar (vt)	надати се	nádati se
certeza (f)	сигурност (ж)	sigúrnost
certo	сигуран	síguran
indecisão (f)	несигурност (ж)	nesigúrnost
indeciso	несигуран	nésiguran
ébrio, bêbado	пијан	píjan
sóbrio	трезан	trézan
fraco	слаб	slab
feliz	срећан	sréćan
assustar (vt)	уплашити (нг)	úplašiti
fúria (f)	бес (м)	bes
ira, raiva (f)	гнев, бес (м)	gnev, bes
depressão (f)	депресија (ж)	deprésija
desconforto (m)	нелагодност (ж)	nelágodnost

conforto (m)	комфор (м)	kómfor
arrepender-se (vr)	жалити (нг)	žáliti
arrependimento (m)	жаљење (с)	žáljenje
azar (m), má sorte (f)	несрећа (ж)	nésreća
tristeza (f)	туга (ж)	túga

vergonha (f)	стид (м)	stid
alegria (f)	весеље (с)	vesélje
entusiasmo (m)	ентузијазам (м)	entuzijázam
entusiasta (m)	ентузијаст (м)	entuzíjast
mostrar entusiasmo	показати ентузијазам	pokázati entuzijázam

59. Caráter. Personalidade

caráter (m)	карактер (м)	karákter
falha (f) de caráter	мана (ж)	mána
mente (f)	ум (м)	um
razão (f)	разум (м)	rázum

consciência (f)	савест (ж)	sávest
hábito (m)	навика (ж)	návika
habilidade (f)	способност (ж)	spósobnost
saber (~ nadar, etc.)	умети (нг)	úmeti

paciente	стрпљив	stŕpljiv
impaciente	нестрпљив	nestŕpljiv
curioso	радознао	radóznao
curiosidade (f)	радозналост (ж)	radóznalost

modéstia (f)	скромност (ж)	skrómnost
modesto	скроман	skróman
imodesto	нескроман	néskroman

preguiça (f)	лењост (ж)	lénjost
preguiçoso	лењ	lenj
preguiçoso (m)	ленчуга (м)	lénčuga

astúcia (f)	лукавост (ж)	lúkavost
astuto	лукав	lúkav
desconfiança (f)	неповерење (с)	nepoverénje
desconfiado	неповерљив	nepovérljiv

generosidade (f)	дарежљивост (ж)	daréžljivost
generoso	дарежљив	daréžljiv
talentoso	талентован	tálentovan
talento (m)	таленат (м)	tálenat

corajoso	храбар	hrábar
coragem (f)	храброст (ж)	hrábrost
honesto	искрен	ískren
honestidade (f)	искреност (ж)	ískrenost

prudente	опрезан	óprezan
valente	одважан	ódvažan

sério	озбиљан	ózbiljan
severo	строг	strog

decidido	одлучан	ódlučan
indeciso	неодлучан	néodlučan
tímido	стидљив	stídljiv
timidez (f)	стидљивост (ж)	stídljivost

confiança (f)	поверење (с)	poverénje
confiar (vt)	веровати (нг)	vérovati
crédulo	поверљив	povérljiv

sinceramente	озбиљно	ózbiljno
sincero	озбиљан	ózbiljan
sinceridade (f)	искреност (ж)	ískrenost
aberto	отворен	ótvoren

calmo	тих	tih
franco	искрен	ískren
ingénuo	наиван	náivan
distraído	расејан	rasejan
engraçado	смешан	sméšan

ganância (f)	похлепа (ж)	póhlepa
ganancioso	похлепан	póhlepan
avarento	шкрт	škŕt
mau	зао	záo
teimoso	тврдоглав	tvrdóglav
desagradável	непријатан	néprijatan

egoísta (m)	себичњак (м)	sébičnjak
egoísta	себичан	sébičan
cobarde (m)	кукавица (ж)	kúkavica
cobarde	кукавички	kúkavički

60. O sono. Sonhos

dormir (vi)	спавати (нг)	spávati
sono (m)	спавање (с)	spávanje
sonho (m)	сан (м)	san
sonhar (vi)	сањати (нг)	sánjati
sonolento	сањив	sánjiv

cama (f)	кревет (м)	krévet
colchão (m)	душек (м)	dúšek
cobertor (m)	јорган (м)	jórgan
almofada (f)	јастук (м)	jástuk
lençol (m)	чаршав (м)	čáršav

insónia (f)	несаница (ж)	nésanica
insone	бесан	bésan
sonífero (m)	таблета (ж) за спавање	tabléta za spávanje
tomar um sonífero	узети таблету (ж) за спавање	úzeti tablétu za spávanje

estar sonolento	бити поспан	bíti póspan
bocejar (vi)	зевати (нг)	zévati
ir para a cama	ићи на спавање	íći na spávanje
fazer a cama	намештати кревет	naméštati krévet
adormecer (vi)	заспати (нг)	záspati

pesadelo (m)	кошмар (м), мора (ж)	kóšmar, móra
ronco (m)	хркање (c)	hŕkanje
roncar (vi)	хркати (нг)	hŕkati

despertador (m)	будилник (м)	búdilnik
acordar, despertar (vt)	пробудити (нг)	probúditi
acordar (vi)	пробуђивати се	probuđívati se
levantar-se (vr)	устајати (нг)	ústajati
lavar-se (vr)	умивати се	umívati se

61. Humor. Riso. Alegria

humor (m)	хумор (м)	húmor
sentido (m) de humor	смисао (м) за хумор	smísao za húmor
divertir-se (vr)	уживати (нг)	užívati
alegre	весео	véseo
alegria (f)	весеље (c)	vesélje

sorriso (m)	осмех (м)	ósmeh
sorrir (vi)	осмехивати се	osmehívati se
começar a rir	засмејати се	zasméjati se
rir (vi)	смејати се	sméjati se
riso (m)	смех (м)	smeh

anedota (f)	виц (м)	vic
engraçado	смешан	sméšan
ridículo	смешан	sméšan

brincar, fazer piadas	шалити се	šáliti se
piada (f)	шала (ж)	šála
alegria (f)	радост (ж)	rádost
regozijar-se (vr)	радовати се	rádovati se
alegre	радостан	rádostan

62. Discussão, conversação. Parte 1

| comunicação (f) | општење (c) | ópštenje |
| comunicar-se (vr) | комуницирати (нг) | komunicírati |

conversa (f)	разговор (м)	rázgovor
diálogo (m)	дијалог (м)	dijálog
discussão (f)	дискусија (ж)	diskúsija
debate (m)	расправа (ж)	rásprava
debater (vt)	расправљати се	ráspravljati se
interlocutor (m)	саговорник (м)	ságovornik
tema (m)	тема (ж)	téma

ponto (m) de vista	тачка (ж) гледишта	táčka glédišta
opinião (f)	мишљење (c)	míšljenje
discurso (m)	говор (м)	góvor

discussão (f)	расправа, дискусија (ж)	rásprava, dískusija
discutir (vt)	расправљати (nr)	ráspravljati
conversa (f)	разговор (м)	rázgovor
conversar (vi)	разговарати (нг)	razgovárati
encontro (m)	сусрет (м)	súsret
encontrar-se (vr)	сусрести се	súsresti se

provérbio (m)	пословица (ж)	póslovica
ditado (m)	пословица (ж)	póslovica
adivinha (f)	загонетка (ж)	zágonetka
dizer uma adivinha	загонетати (nr)	zagonétati
senha (f)	лозинка (ж)	lózinka
segredo (m)	тајна (ж)	tájna

juramento (m)	заклетва (ж)	zákletva
jurar (vi)	клети се	kléti se
promessa (f)	обећање (c)	obećánje
prometer (vt)	обећати (nr)	obéćati

conselho (m)	савет (м)	sávet
aconselhar (vt)	саветовати (nr)	sávetovati
seguir o conselho	слушати савет	slúšati sávet
escutar (~ os conselhos)	слушати (nr)	slúšati

novidade, notícia (f)	новост (ж)	nóvost
sensação (f)	сензација (ж)	senzácija
informação (f)	информације (мн)	informácije
conclusão (f)	закључак (м)	záključak
voz (f)	глас (м)	glas
elogio (m)	комплимент (м)	komplimént
amável	љубазан	ljúbazan

palavra (f)	реч (ж)	reč
frase (f)	фраза (ж)	fráza
resposta (f)	одговор (м)	ódgovor

| verdade (f) | истина (ж) | ístina |
| mentira (f) | лаж (ж) | laž |

pensamento (m)	мисао (ж)	mísao
ideia (f)	идеја (ж)	idéja
fantasia (f)	фантазија (ж)	fantázija

63. Discussão, conversação. Parte 2

estimado	поштован	póštovan
respeitar (vt)	поштовати (nr)	poštóvati
respeito (m)	поштовање (c)	poštovánje
Estimado ..., Caro ...	Поштовани, ...	Póštovani, ...
apresentar (vt)	упознати (nr)	upóznati

travar conhecimento	упознати се	upóznati se
intenção (f)	намера (ж)	námera
tencionar (vt)	намеравати (нг)	namerávati
desejo (m)	жеља (ж)	žélja
desejar (ex. ~ boa sorte)	пожелети (пг)	požéleti
surpresa (f)	изненађење (с)	iznenađénje
surpreender (vt)	чудити (пг)	čúditi
surpreender-se (vr)	чудити се	čúditi se
dar (vt)	дати (пг)	dáti
pegar (tomar)	узети (пг)	úzeti
devolver (vt)	вратити (пг)	vrátiti
retornar (vt)	вратити (пг)	vrátiti
desculpar-se (vr)	извињавати се	izvinjávati se
desculpa (f)	извињење (с)	izvinjénje
perdoar (vt)	опраштати (пг)	opráštati
falar (vi)	разговарати (нг)	razgovárati
escutar (vt)	слушати (пг)	slúšati
ouvir até o fim	саслушати (пг)	sáslušati
compreender (vt)	разумети (пг)	razúmeti
mostrar (vt)	показати (пг)	pokázati
olhar para ...	гледати (пг)	glédati
chamar (dizer em voz alta o nome)	позвати (пг)	pózvati
distrair (vt)	сметати (пг)	smétati
perturbar (vt)	сметати (пг)	smétati
entregar (~ em mãos)	предати (пг)	prédati
pedido (m)	молба (ж)	mólba
pedir (ex. ~ ajuda)	тражити, молити (пг)	trážiti, móliti
exigência (f)	захтев (м)	záhtev
exigir (vt)	захтевати, тражити	zahtévati, trážiti
chamar nomes (vt)	задиркивати (пг)	zadirkívati
zombar (vt)	подсмевати се	podsmévati se
zombaria (f)	подсмех (м)	pódsmeh
alcunha (f)	надимак (м)	nádimak
insinuação (f)	наговештај (м)	nágoveštaj
insinuar (vt)	наговештавати (нг)	nagoveštávati
subentender (vt)	подразумевати (нг)	podrazumévati
descrição (f)	опис (м)	ópis
descrever (vt)	описати (пг)	opísati
elogio (m)	похвала (ж)	póhvala
elogiar (vt)	похвалити (пг)	pohváliti
desapontamento (m)	разочарање (с)	razočaránje
desapontar (vt)	разочарати (пг)	razočárati
desapontar-se (vr)	разочарати се	razočárati se
suposição (f)	претпоставка (ж)	prétpostavka
supor (vt)	претпостављати (пг)	pretpóstavljati

| advertência (f) | упозорење (c) | upozorénje |
| advertir (vt) | упозорити (nr) | upozóriti |

64. Discussão, conversação. Parte 3

| convencer (vt) | наговорити (nr) | nagovóriti |
| acalmar (vt) | смиривати (nr) | smirívati |

silêncio (o ~ é de ouro)	ћутање (c)	ćútanje
ficar em silêncio	ћутати (нг)	ćútati
sussurrar (vt)	шапнути (nr)	šápnuti
sussurro (m)	шапат (м)	šápat

| francamente | искрено | ískreno |
| a meu ver ... | по мом мишљењу ... | po mom míšljenju ... |

detalhe (~ da história)	деталь (ж)	détalj
detalhado	детаљан	détaljan
detalhadamente	детаљно	détaljno

| dica (f) | наговештај (м) | nágoveštaj |
| dar uma dica | дати миг | dáti mig |

olhar (m)	поглед (м)	pógled
dar uma vista de olhos	погледати (nr)	pógledati
fixo (olhar ~)	непомичан	nepómičan
piscar (vi)	трептати (нг)	tréptati
pestanejar (vt)	намигнути (нг)	namígnuti
acenar (com a cabeça)	климнути (нг)	klímnuti

suspiro (m)	уздах (м)	úzdah
suspirar (vi)	уздахнути (нг)	uzdáhnuti
estremecer (vi)	дрхтати (нг)	dŕhtati
gesto (m)	гест (м)	gest
tocar (com as mãos)	додирнути (nr)	dodírnuti
agarrar (~ pelo braço)	хватати (nr)	hvátati
bater de leve	тапштати (нг)	tápštati

Cuidado!	Опрез!	Óprez!
A sério?	Стварно?	Stvárno?
Tem certeza?	Да ли си сигуран?	Da li si síguran?
Boa sorte!	Срећно!	Srećno!
Compreendi!	Јасно!	Jásno!
Que pena!	Штета!	Štéta!

65. Acordo. Recusa

consentimento (~ mútuo)	пристанак (м)	prístanak
consentir (vi)	пристати (нг)	prístati
aprovação (f)	одобрење (c)	odobrénje
aprovar (vt)	одобрити (nr)	odóbriti
recusa (f)	одбијање (c)	odbíjanje

negar-se (vt)	одбијати се	odbíjati se
Está ótimo!	Одлично!	Ódlično!
Muito bem!	Добро!	Dóbro!
Está bem! De acordo!	Важи!	Váži!

proibido	забрањен	zábranjen
é proibido	забрањено	zabránjeno
é impossível	немогуће	némoguće
incorreto	погрешан	pógrešan

rejeitar (~ um pedido)	одбити (пг)	ódbiti
apoiar (vt)	подржати (пг)	podŕžati
aceitar (desculpas, etc.)	прихватити (пг)	príhvatiti

confirmar (vt)	потврдити (пг)	potvŕditi
confirmação (f)	потврда (ж)	pótvrda
permissão (f)	дозвола (ж)	dózvola
permitir (vt)	дозволити (нг, пг)	dozvóliti
decisão (f)	одлука (ж)	ódluka
não dizer nada	прећутати (нг)	prećútati

condição (com uma ~)	услов (м)	úslov
pretexto (m)	изговор (м)	ízgovor
elogio (m)	похвала (ж)	póhvala
elogiar (vt)	похвалити (пг)	pohváliti

66. Sucesso. Boa sorte. Insucesso

êxito, sucesso (m)	успех (м)	úspeh
com êxito	успешно	úspešno
bem sucedido	успешан	úspešan

sorte (fortuna)	срећа (ж)	sréća
Boa sorte!	Сретно! Срећно!	Srétno! Srećno!
de sorte	срећан	srécan
sortudo, felizardo	срећан	srécan

fracasso (m)	неуспех (м)	néuspeh
pouca sorte (f)	неуспех (м)	néuspeh
azar (m), má sorte (f)	несрећа (ж)	nésreća

mal sucedido	неуспешан	néuspešan
catástrofe (f)	катастрофа (ж)	katastrófa

orgulho (m)	понос (м)	pónos
orgulhoso	поносан	pónosan
estar orgulhoso	поносити се	ponósiti se

vencedor (m)	победник (м)	póbednik
vencer (vi)	победити (нг)	pobéditi
perder (vt)	изгубити (нг, пг)	izgúbiti
tentativa (f)	покушај (м)	pókušaj
tentar (vt)	покушавати (нг)	pokušávati
chance (m)	шанса (ж)	šánsa

67. Conflitos. Emoções negativas

grito (m)	узвик (м)	úzvik
gritar (vi)	викати (нг)	víkati
começar a gritar	почети викати	póčeti víkati
discussão (f)	свађа (ж)	sváđa
discutir (vt)	свађати се	sváđati se
escândalo (m)	свађа (ж)	sváđa
criar escândalo	свађати се	sváđati se
conflito (m)	конфликт (м)	kónflikt
mal-entendido (m)	неспоразум (м)	nésporazum
insulto (m)	увреда (ж)	úvreda
insultar (vt)	вређати (нг)	vréđati
insultado	увређен	úvređen
ofensa (f)	кивност (ж)	kívnost
ofender (vt)	увредити (нг)	uvréditi
ofender-se (vr)	бити киван	biti kívan
indignação (f)	негодовање (с)	négodovanje
indignar-se (vr)	индигнирати се	indignírati se
queixa (f)	жалба (ж)	žálba
queixar-se (vr)	жалити се	žáliti se
desculpa (f)	извињење (с)	izvinjénje
desculpar-se (vr)	извињавати се	izvinjávati se
pedir perdão	извињавати се	izvinjávati se
crítica (f)	критика (ж)	krítika
criticar (vt)	критиковати (нг)	krítikovati
acusação (f)	оптужба (ж)	óptužba
acusar (vt)	окривљавати (нг)	okrivljávati
vingança (f)	освета (ж)	ósveta
vingar (vt)	освећивати се	osvećívati se
vingar-se (vr)	отплатити (нг)	otplátiti
desprezo (m)	презир (м)	prézir
desprezar (vt)	презирати (нг)	prézirati
ódio (m)	мржња (ж)	mřžnja
odiar (vt)	мрзети (нг)	mřzeti
nervoso	нервозан	nérvozan
estar nervoso	бити нервозан	bíti nérvozan
zangado	љут	ljut
zangar (vt)	разљутити (нг)	razljútiti
humilhação (f)	понижење (с)	poniženje
humilhar (vt)	понижавати (нг)	ponižávati
humilhar-se (vr)	понижавати се	ponižávati se
choque (m)	шок (м)	šok
chocar (vt)	шокирати (нг)	šokírati
aborrecimento (m)	неприлика (ж)	neprílika

desagradável	неприjатан	néprijatan
medo (m)	страх (м)	strah
terrível (tempestade, etc.)	страшан	strášan
assustador (ex. história ~a)	страшан	strášan
horror (m)	ужас (м)	úžas
horrível (crime, etc.)	ужасан	úžasan

começar a tremer	почети дрхтати	póčeti dŕhtati
chorar (vi)	плакати (нг)	plákati
começar a chorar	заплакати (нг)	záplakati
lágrima (f)	суза (ж)	súza

falta (f)	грешка (ж)	gréška
culpa (f)	кривица (ж)	krivíca
desonra (f)	срамота (ж)	sramóta
protesto (m)	протест (м)	prótest
stresse (m)	стрес (м)	stres

perturbar (vt)	сметати (пг)	smétati
zangar-se com ...	љутити се	ljútiti se
zangado	љут	ljut
terminar (vt)	прекидати (пг)	prekídati
praguejar	грдити (пг)	gŕditi

assustar-se	плашити се	plášiti se
golpear (vt)	ударити (пг)	údariti
brigar (na rua, etc.)	тући се	túći se

resolver (o conflito)	решити (пг)	réšiti
descontente	незадовољан	nézadovoljan
furioso	бесан	bésan

Não está bem!	То није добро!	To níje dóbro!
É mau!	То је лоше!	To je lóše!

Medicina

doença (f)	болест (ж)	bólest
estar doente	боловати (нг)	bolóvati
saúde (f)	здравље (с)	zdrávlje
nariz (m) a escorrer	кијавица (ж)	kíjavica
amigdalite (f)	ангина (ж)	angína
constipação (f)	прехлада (ж)	préhlada
constipar-se (vr)	прехладити се	prehláditi se
bronquite (f)	бронхитис (м)	bronhítis
pneumonia (f)	упала (ж) плућа	úpala plúća
gripe (f)	грип (м)	grip
míope	кратковид	kratkóvid
presbita	далековид	dalekóvid
estrabismo (m)	разрокост (ж)	rázrokost
estrábico	разрок	rázrok
catarata (f)	катаракта (ж)	katarákta
glaucoma (m)	глауком (м)	gláukom
AVC (m), apoplexia (f)	мождани удар (м)	móždani údar
ataque (m) cardíaco	инфаркт (м)	ínfarkt
enfarte (m) do miocárdio	инфаркт (м) миокарда	ínfarkt míokarda
paralisia (f)	парализа (ж)	paralíza
paralisar (vt)	парализовати (нг)	parálizovati
alergia (f)	алергија (ж)	alérgija
asma (f)	астма (ж)	ástma
diabetes (f)	дијабетес (м)	dijabétes
dor (f) de dentes	зубобоља (ж)	zubóbolja
cárie (f)	каријес (м)	kárijes
diarreia (f)	дијареја (ж), пролив (м)	dijaréja, próliv
prisão (f) de ventre	затвор (м)	zátvor
desarranjo (m) intestinal	лоша пробава (ж)	lóša próbava
intoxicação (f) alimentar	тровање (с)	tróvanje
intoxicar-se	отровати се	otróvati se
artrite (f)	артритис (м)	artrítis
raquitismo (m)	рахитис (м)	rahítis
reumatismo (m)	реуматизам (м)	reumatízam
arteriosclerose (f)	атеросклероза (ж)	ateroskleróza
gastrite (f)	гастритис (м)	gastrítis
apendicite (f)	апендицитис (м)	apendicítis

colecistite (f)	холециститис (м)	holecístitis
úlcera (f)	чир (м)	čir
sarampo (m)	мале богиње (мн)	mále bóginje
rubéola (f)	рубеола (ж)	rubéola
iterícia (f)	жутица (ж)	žútica
hepatite (f)	хепатитис (м)	hepatítis
esquizofrenia (f)	шизофренија (ж)	šizofrénija
raiva (f)	беснило (с)	bésnilo
neurose (f)	неуроза (ж)	neuróza
comoção (f) cerebral	потрес (м) мозга	pótres mózga
cancro (m)	рак (м)	rak
esclerose (f)	склероза (ж)	skleróza
esclerose (f) múltipla	мултипла склероза (ж)	múltipla skleróza
alcoolismo (m)	алкохолизам (м)	alkoholízam
alcoólico (m)	алкохоличар (м)	alkohóličar
sífilis (f)	сифилис (м)	sífilis
SIDA (f)	Сида (ж)	Sída
tumor (m)	тумор (м)	túmor
maligno	малигни, злоћудан	máligni, zlóćudan
benigno	доброћудан	dóbroćudan
febre (f)	грозница (ж)	gróznica
malária (f)	маларија (ж)	málarija
gangrena (f)	гангрена (ж)	gangréna
enjoo (m)	морска болест (ж)	mórska bólest
epilepsia (f)	епилепсија (ж)	epilépsija
epidemia (f)	епидемија (ж)	epidémija
tifo (m)	тифус (м)	tífus
tuberculose (f)	туберкулоза (ж)	tuberkulóza
cólera (f)	колера (ж)	koléra
peste (f)	куга (ж)	kúga

69. Sintomas. Tratamentos. Parte 1

sintoma (m)	симптом (м)	símptom
temperatura (f)	температура (ж)	temperatúra
febre (f)	висока температура (ж)	vísoka temperatúra
pulso (m)	пулс (м)	puls
vertigem (f)	вртоглавица (ж)	vrtóglavica
quente (testa, etc.)	врућ	vruć
calafrio (m)	језа (ж)	jéza
pálido	блед	bled
tosse (f)	кашаљ (м)	kášalj
tossir (vi)	кашљати (нг)	kášljati
espirrar (vi)	кијати (нг)	kíjati
desmaio (m)	несвестица (ж)	nésvestica

desmaiar (vi)	онесвестити се	onesvéstiti se
nódoa (f) negra	модрица (ж)	módrica
galo (m)	чворуга (ж)	čvóruga
magoar-se (vr)	ударити се	údariti se
pisadura (f)	озледа (ж)	ózleda
aleijar-se (vr)	озледити се	ozléditi se

coxear (vi)	храмати (нг)	hrámati
deslocação (f)	ишчашење (с)	iščašénje
deslocar (vt)	ишчашити (пг)	íščašiti
fratura (f)	прелом (м)	prélom
fraturar (vt)	задобити прелом	zadóbiti prélom

corte (m)	посекотина (ж)	posekótina
cortar-se (vr)	порезати се	pórezati se
hemorragia (f)	крварење (с)	krvárenje

| queimadura (f) | опекотина (ж) | opekótina |
| queimar-se (vr) | опећи се | ópeći se |

picar (vt)	убости (пг)	úbosti
picar-se (vr)	убости се	úbosti se
lesionar (vt)	повредити (пг)	povréditi
lesão (m)	повреда (ж)	póvreda
ferida (f), ferimento (m)	рана (ж)	rána
trauma (m)	траума (ж)	tráuma

delirar (vi)	бунцати (нг)	búncati
gaguejar (vi)	муцати (нг)	múcati
insolação (f)	сунчаница (ж)	súnčanica

70. Sintomas. Tratamentos. Parte 2

| dor (f) | бол (ж) | bol |
| farpa (no dedo) | трн (м) | trn |

suor (m)	зној (м)	znoj
suar (vi)	знојити се	znójiti se
vómito (m)	повраћање (с)	póvraćanje
convulsões (f pl)	грчеви (мн)	gŕčevi

grávida	трудна	trúdna
nascer (vi)	родити се	róditi se
parto (m)	порођај (м)	pórođaj
dar à luz	рађати (пг)	ráđati
aborto (m)	абортус, побачај (м)	abórtus, póbačaj

respiração (f)	дисање (с)	dísanje
inspiração (f)	удисај (м)	údisaj
expiração (f)	издах (м)	ízdah
expirar (vi)	издахнути (нг)	izdáhnuti
inspirar (vi)	удисати (нг)	údisati
inválido (m)	инвалид (м)	inválid
aleijado (m)	богаљ (м)	bógalj

toxicodependente (m)	наркоман (м)	nárkoman
surdo	глув	gluv
mudo	нем	nem
surdo-mudo	глувонем	glúvonem

louco (adj.)	луд	lud
louco (m)	лудак (м)	lúdak
louca (f)	луда (ж)	lúda
ficar louco	полудети (нг)	polúdeti

gene (m)	ген (м)	gen
imunidade (f)	имунитет (м)	imunítet
hereditário	наследни	následni
congénito	урођен	úrođen

vírus (m)	вирус (м)	vírus
micróbio (m)	микроб (м)	míkrob
bactéria (f)	бактерија (ж)	baktérija
infeção (f)	инфекција (ж)	infékcija

71. Sintomas. Tratamentos. Parte 3

| hospital (m) | болница (ж) | bólnica |
| paciente (m) | пацијент (м) | pacíjent |

diagnóstico (m)	дијагноза (ж)	dijagnóza
cura (f)	лечење (с)	léčenje
tratamento (m) médico	медицински третман (м)	médicinski trétman
curar-se (vr)	лечити се	léčiti se
tratar (vt)	лечити (пг)	léčiti
cuidar (pessoa)	неговати (пг)	négovati
cuidados (m pl)	нега (ж)	néga

operação (f)	операција (ж)	operácija
enfaixar (vt)	превити (пг)	préviti
enfaixamento (m)	превијање (с)	previjanje

vacinação (f)	вакцинација (ж)	vakcinácija
vacinar (vt)	вакцинисати (пг)	vakcinísati
injeção (f)	ињекција (ж)	injékcija
dar uma injeção	давати ињекцију	dávati injékciju

ataque (~ de asma, etc.)	напад (м)	nápad
amputação (f)	ампутација (ж)	amputácija
amputar (vt)	ампутирати (пг)	amputírati
coma (f)	кома (ж)	kóma
estar em coma	бити у коми	bíti u kómi
reanimação (f)	реанимација (ж)	reanimácija

recuperar-se (vr)	оздрављати (нг)	ódzdravljati
estado (~ de saúde)	стање (с)	stánje
consciência (f)	свест (ж)	svest
memória (f)	памћење (с)	pámćenje
tirar (vt)	вадити (пг)	váditi

| chumbo (m), obturação (f) | пломба (ж) | plómba |
| chumbar, obturar (vt) | пломбирати (пг) | plombírati |

| hipnose (f) | хипноза (ж) | hipnóza |
| hipnotizar (vt) | хипнотизирати (пг) | hipnotizírati |

72. Médicos

médico (m)	лекар (м)	lékar
enfermeira (f)	медицинска сестра (ж)	médicinska séstra
médico (m) pessoal	лични лекар (м)	líčni lékar

dentista (m)	зубар (м)	zúbar
oculista (m)	окулиста (м)	okulísta
terapeuta (m)	терапеут (м)	terapéut
cirurgião (m)	хирург (м)	hírurg

psiquiatra (m)	психијатар (м)	psihijátar
pediatra (m)	педијатар (м)	pedíjatar
psicólogo (m)	психолог (м)	psihólog
ginecologista (m)	гинеколог (м)	ginekólog
cardiologista (m)	кардиолог (м)	kardiólog

73. Medicina. Drogas. Acessórios

medicamento (m)	лек (м)	lek
remédio (m)	средство (с)	srédstvo
receitar (vt)	преписивати (пг)	prepisívati
receita (f)	рецепт (м)	récept

comprimido (m)	таблета (ж)	tabléta
pomada (f)	маст (ж)	mast
ampola (f)	ампула (ж)	ámpula
preparado (m)	микстура (ж)	mikstúra
xarope (m)	сируп (м)	sírup
cápsula (f)	пилула (ж)	pílula
remédio (m) em pó	прашак (м)	prášak

ligadura (f)	завој (м)	závoj
algodão (m)	вата (ж)	váta
iodo (m)	јод (м)	jod

penso (m) rápido	фластер (м)	fláster
conta-gotas (m)	пипета (ж)	pipéta
termómetro (m)	термометар (м)	térmometar
seringa (f)	шприц (м)	špric

| cadeira (f) de rodas | инвалидска колица (мн) | inválidska kolíca |
| muletas (f pl) | штаке (мн) | štáke |

| analgésico (m) | аналгетик (м) | analgétik |
| laxante (m) | лаксатив (м) | láksativ |

álcool (m) etílico   алкохол (м)   álkohol
ervas (f pl) medicinais   лековито биље (с)   lékovito bílje
de ervas (chá ~)   биљни   bíljni

74. Fumar. Produtos tabágicos

tabaco (m)	дуван (м)	dúvan
cigarro (m)	цигарета (ж)	cigaréta
charuto (m)	цигара (ж)	cigára
cachimbo (m)	лула (ж)	lúla
maço (~ de cigarros)	пакло (с)	páklo
fósforos (m pl)	шибице (мн)	šíbice
caixa (f) de fósforos	кутија (ж) шибица	kútija šíbica
isqueiro (m)	упаљач (м)	upáljač
cinzeiro (m)	пепељара (ж)	pepéljara
cigarreira (f)	табакера (ж)	tabakéra
boquilha (f)	муштикла (ж)	múštikla
filtro (m)	филтар (м)	fíltar
fumar (vi, vt)	пушити (нг, пг)	púšiti
acender um cigarro	запалити цигарету	zapáliti cigarétu
tabagismo (m)	пушење (с)	púšenje
fumador (m)	пушач (м)	púšač
beata (f)	опушак (м)	ópušak
fumo (m)	дим (м)	dim
cinza (f)	пепео (м)	pépeo

HABITAT HUMANO

Cidade

cidade (f)	град (м)	grad
capital (f)	главни град (м), престоница (ж)	glávni grad, préstonica
aldeia (f)	село (с)	sélo
mapa (m) da cidade	план (м) града	plan gráda
centro (m) da cidade	центар (м) града	céntar gráda
subúrbio (m)	предграђе (с)	prédgrađe
suburbano	приградски	prígradski
periferia (f)	предграђе (с)	prédgrađe
arredores (m pl)	околина (ж)	ókolina
quarteirão (m)	четврт (ж)	čétvrt
quarteirão (m) residencial	стамбена четврт (ж)	stámbena čétvrt
tráfego (m)	саобраћај (м)	sáobraćaj
semáforo (m)	семафор (м)	sémafor
transporte (m) público	градски превоз (м)	grádski prévoz
cruzamento (m)	раскрсница (ж)	ráskrsnica
passadeira (f)	пешачки прелаз (м)	péšački prélaz
passagem (f) subterrânea	подземни пролаз (м)	pódzemni prólaz
cruzar, atravessar (vt)	прелазити (нг)	prélaziti
peão (m)	пешак (м)	péšak
passeio (m)	тротоар (м)	trotóar
ponte (f)	мост (м)	most
margem (f) do rio	кеј (м)	kej
fonte (f)	чесма (ж)	čésma
alameda (f)	алеја (ж)	aléja
parque (m)	парк (м)	park
bulevar (m)	булевар (м)	bulévar
praça (f)	трг (м)	tŕg
avenida (f)	авенија (ж)	avénija
rua (f)	улица (ж)	úlica
travessa (f)	споредна улица (ж)	spóredna úlica
beco (m) sem saída	ћорсокак (м)	ćorsókak
casa (f)	кућа (ж)	kúća
edifício, prédio (m)	зграда (ж)	zgráda
arranha-céus (m)	небодер (м)	néboder
fachada (f)	фасада (ж)	fasáda

telhado (m)	кров (м)	krov
janela (f)	прозор (м)	prózor
arco (m)	лук (м)	luk
coluna (f)	колона (ж)	kolóna
esquina (f)	угао, ћошак (м)	úgao, ćóšak

montra (f)	излог (м)	ízlog
letreiro (m)	натпис (м)	nátpis
cartaz (m)	плакат (м)	plákat
cartaz (m) publicitário	рекламни постер (м)	réklamni póster
painel (m) publicitário	билборд (м)	bílbord

lixo (m)	смеће, ђубре (с)	smeće, đúbre
cesta (f) do lixo	корпа (ж) за смеће	kórpa za sméće
jogar lixo na rua	бацати ђубре	bácati đúbre
aterro (m) sanitário	депонија (ж)	depónija

cabine (f) telefónica	говорница (ж)	góvornica
candeeiro (m) de rua	стуб (м)	stub
banco (m)	клупа (ж)	klúpa

polícia (m)	полицајац (м)	policájac
polícia (instituição)	полиција (ж)	polícija
mendigo (m)	просјак (м)	prósjak
sem-abrigo (m)	бескућник (м)	béskućnik

76. Instituições urbanas

loja (f)	продавница (ж)	pródavnica
farmácia (f)	апотека (ж)	apotéka
ótica (f)	оптика (ж)	óptika
centro (m) comercial	тржни центар (м)	tŕžni céntar
supermercado (m)	супермаркет (м)	supermárket

padaria (f)	пекара (ж)	pékara
padeiro (m)	пекар (м)	pékar
pastelaria (f)	посластичарница (ж)	poslastičárnica
mercearia (f)	бакалница (ж)	bakálnica
talho (m)	месара (ж)	mésara

loja (f) de legumes	пиљарница (ж)	píljarnica
mercado (m)	пијаца (ж)	píjaca

café (m)	кафић (м), кафана (ж)	káfić, kafána
restaurante (m)	ресторан (м)	restóran
bar (m), cervejaria (f)	пивница (ж)	pívnica
pizzaria (f)	пицерија (ж)	picérija

salão (m) de cabeleireiro	фризерски салон (м)	frízerski sálon
correios (m pl)	пошта (ж)	póšta
lavandaria (f)	хемијско чишћење (с)	hémijsko číšćenje
estúdio (m) fotográfico	фото атеље (м)	fóto atélje
sapataria (f)	продавница (ж) обуће	pródavnica óbuće
livraria (f)	књижара (ж)	knjížara

loja (f) de artigos de desporto	спортска радња (ж)	spórtska rádnja
reparação (f) de roupa	поправка (ж) одеће	pópravka ódeće
aluguer (m) de roupa	изнајмљивање (c) одеће	iznajmljívanje ódeće
aluguer (m) de filmes	изнајмљивање (c) филмова	iznajmljívanje fílmova

circo (m)	циркус (м)	církus
jardim (m) zoológico	зоолошки врт (м)	zoóloški vŕt
cinema (m)	биоскоп (м)	bíoskop
museu (m)	музеј (м)	múzej
biblioteca (f)	библиотека (ж)	bibliotéka

teatro (m)	позориште (c)	pózorište
ópera (f)	опера (ж)	ópera
clube (m) noturno	ноћни клуб (м)	nóćni klub
casino (m)	коцкарница (ж)	kóckarnica

mesquita (f)	џамија (ж)	džámija
sinagoga (f)	синагога (ж)	sinagóga
catedral (f)	катедрала (ж)	katedrála
templo (m)	храм (м)	hram
igreja (f)	црква (ж)	cŕkva

instituto (m)	институт (м)	instítut
universidade (f)	универзитет (м)	univerzitét
escola (f)	школа (ж)	škóla

prefeitura (f)	управа (ж)	úprava
câmara (f) municipal	градска кућа (ж)	grádska kúća
hotel (m)	хотел (м)	hótel
banco (m)	банка (ж)	bánka

embaixada (f)	амбасада (ж)	ambasáda
agência (f) de viagens	туристичка агенција (ж)	turística agéncija
agência (f) de informações	биро (c) за информације	bíro za informácije
casa (f) de câmbio	мењачница (ж)	menjáčnica

| metro (m) | метро (м) | métro |
| hospital (m) | болница (ж) | bólnica |

| posto (m) de gasolina | бензинска станица (ж) | bénzinska stánica |
| parque (m) de estacionamento | паркиралиште (c) | parkíralište |

77. Transportes urbanos

autocarro (m)	аутобус (м)	autóbus
elétrico (m)	трамвај (м)	trámvaj
troleicarro (m)	тролејбус (м)	troléjbus
itinerário (m)	маршрута (ж)	maršrúta
número (m)	број (м)	broj

ir de ... (carro, etc.)	ићи ...	íći ...
entrar (~ no autocarro)	ући у ...	úći u ...
descer de ...	сићи (нг), изаћи из ...	síći, ízaći iz ...

paragem (f)	станица (ж)	stánica
próxima paragem (f)	следећа станица (ж)	slédeća stánica
ponto (m) final	последња станица (ж)	póslednja stánica
horário (m)	ред (м) вожње	red vóžnje
esperar (vt)	чекати (нг, пг)	čékati

bilhete (m)	карта (ж)	kárta
custo (m) do bilhete	цена (ж) карте	céna kárte

bilheteiro (m)	благајник (м)	blágajnik
controlo (m) dos bilhetes	контрола (ж)	kontróla
revisor (m)	контролер (м)	kontróler

atrasar-se (vr)	каснити (нг)	kásniti
perder (o autocarro, etc.)	пропустити (пг)	propústiti
estar com pressa	журити (нг)	žúriti

táxi (m)	такси (м)	táksi
taxista (m)	таксиста (м)	táksista
de táxi (ir ~)	таксијем	táksijem
praça (f) de táxis	такси станица (ж)	táksi stánica
chamar um táxi	позвати такси	pózvati táksi
apanhar um táxi	узети такси	úzeti taksi

tráfego (m)	саобраћај (м)	sáobraćaj
engarrafamento (m)	гужва (ж)	gúžva
horas (f pl) de ponta	шпиц (м)	špic
estacionar (vi)	паркирати се	parkírati se
estacionar (vt)	паркирати (пг)	parkírati
parque (m) de estacionamento	паркиралиште (с)	parkíralište

metro (m)	метро (м)	métro
estação (f)	станица (ж)	stánica
ir de metro	ићи метроом	ići metróom
comboio (m)	воз (м)	voz
estação (f)	железничка станица (ж)	žéleznička stánica

78. Turismo

monumento (m)	споменик (м)	spómenik
fortaleza (f)	тврђава (ж)	tvŕđava
palácio (m)	палата (ж)	paláta
castelo (m)	замак (м)	zámak
torre (f)	кула (ж)	kúla
mausoléu (m)	маузолеј (м)	mauzólej

arquitetura (f)	архитектура (ж)	arhitektúra
medieval	средњовековни	srednjovékovni
antigo	старински	starínski
nacional	национални	nacionálni
conhecido	чувен	čúven

turista (m)	туриста (м)	turísta
guia (pessoa)	водич (м)	vódič

excursão (f)	екскурзија (ж)	ekskúrzija
mostrar (vt)	показивати (nr)	pokazívati
contar (vt)	причати (nr)	príčati

encontrar (vt)	наћи (nr)	náći
perder-se (vr)	изгубити се	izgúbiti se
mapa (~ do metrô)	мапа (ж)	mápa
mapa (~ da cidade)	план (м)	plan

lembrança (f), presente (m)	сувенир (м)	suvénir
loja (f) de presentes	продавница (ж) сувенира	pródavnica suveníra
fotografar (vt)	сликати (nr)	slíkati
fotografar-se	сликати се	slíkati se

79. Compras

comprar (vt)	куповати (nr)	kupóvati
compra (f)	куповина (ж)	kupóvina
fazer compras	ићи у шопинг	íći u šóping
compras (f pl)	куповина (ж)	kupóvina

| estar aberta (loja, etc.) | бити отворен | bíti ótvoren |
| estar fechada | бити затворен | bíti zátvoren |

calçado (m)	обућа (ж)	óbuća
roupa (f)	одећа (ж)	ódeća
cosméticos (m pl)	козметика (ж)	kozmétika
alimentos (m pl)	намирнице (мн)	námirnice
presente (m)	поклон (м)	póklon

| vendedor (m) | продавач (м) | prodávač |
| vendedora (f) | продавачица (ж) | prodaváčica |

caixa (f)	благајна (ж)	blágajna
espelho (m)	огледало (с)	oglédalo
balcão (m)	тезга (ж)	tézga
cabine (f) de provas	кабина (ж)	kabína

provar (vt)	пробати (nr)	próbati
servir (vi)	пристајати (нr)	prístajati
gostar (apreciar)	свиђати се	svíđati se

preço (m)	цена (ж)	céna
etiqueta (f) de preço	ценовник (м)	cénovnik
custar (vt)	коштати (нr)	kóštati
Quanto?	Колико?	Kolíko?
desconto (m)	попуст (м)	pópust

não caro	није скуп	níje skup
barato	јефтин	jéftin
caro	скуп	skup
É caro	То је скупо	To je skúpo
aluguer (m)	изнајмљивање (c)	iznajmljívanje
alugar (vestidos, etc.)	изнајмити (nr)	iznájmiti

| crédito (m) | кредит (м) | krédit |
| a crédito | на кредит | na krédit |

80. Dinheiro

dinheiro (m)	новац (м)	nóvac
câmbio (m)	размена (ж)	rázmena
taxa (f) de câmbio	курс (м)	kurs
Caixa Multibanco (m)	банкомат (м)	bánkomat
moeda (f)	новчић (м)	nóvčić

| dólar (m) | долар (м) | dólar |
| euro (m) | евро (м) | évro |

lira (f)	италијанска лира (ж)	itálijanska líra
marco (m)	немачка марка (ж)	némačka márka
franco (m)	франак (м)	frának
libra (f) esterlina	фунта (ж)	fúnta
iene (m)	јен (м)	jen

dívida (f)	дуг (м)	dug
devedor (m)	дужник (м)	dúžnik
emprestar (vt)	посудити	posúditi
pedir emprestado	позајмити (пг)	pozájmiti

banco (m)	банка (ж)	bánka
conta (f)	рачун (м)	ráčun
depositar (vt)	положити (пг)	polóžiti
depositar na conta	положити на рачун	polóžiti na ráčun
levantar (vt)	подићи са рачуна	pódići sa račúna

cartão (m) de crédito	кредитна картица (ж)	kréditna kártica
dinheiro (m) vivo	готовина (ж)	gótovina
cheque (m)	чек (м)	ček
passar um cheque	написати чек	napísati ček
livro (m) de cheques	чековна књижица (ж)	čékovna knjížica

carteira (f)	новчаник (м)	novčánik
porta-moedas (m)	новчаник (м)	novčánik
cofre (m)	сеф (м)	sef

herdeiro (m)	наследник (м)	následnik
herança (f)	наследство (с)	následstvo
fortuna (riqueza)	богатство (с)	bogátstvo

arrendamento (m)	закуп, најам (м)	zákup, nájam
renda (f) de casa	станарина (ж)	stánarina
alugar (vt)	изнајмити (пг)	iznájmiti

preço (m)	цена (ж)	céna
custo (m)	вредност (ж)	vrédnost
soma (f)	износ (м)	íznos
gastar (vt)	трошити (пг)	tróšiti
gastos (m pl)	трошкови (мн)	tróškovi

| economizar (vi) | штедети (нг, пг) | štédeti |
| econômico | штедљив | štédljiv |

pagar (vt)	платити (нг, пг)	plátiti
pagamento (m)	плаћање (c)	pláćanje
troco (m)	кусур (м)	kúsur

imposto (m)	порез (м)	pórez
multa (f)	новчана казна (ж)	nóvčana kázna
multar (vt)	кажњавати (пг)	kažnjávati

81. Correios. Serviço postal

correios (m pl)	пошта (ж)	póšta
correio (m)	пошта (ж)	póšta
carteiro (m)	поштар (м)	póštar
horário (m)	радно време (c)	rádno vréme

carta (f)	писмо (c)	písmo
carta (f) registada	препоручено писмо (c)	préporučeno písmo
postal (m)	разгледница (ж)	rázglednica
telegrama (m)	телеграм (м)	télegram
encomenda (f) postal	пакет (м)	páket
remessa (f) de dinheiro	пренос (м) новца	prénos nóvca

receber (vt)	примити (пг)	prímiti
enviar (vt)	послати (пг)	póslati
envio (m)	слање (c)	slánje

endereço (m)	адреса (ж)	adrésa
código (m) postal	поштански број (м)	póštanski broj
remetente (m)	пошиљалац (м)	póšiljalac
destinatário (m)	прималац (м)	prímalac

| nome (m) | име (c) | íme |
| apelido (m) | презиме (c) | prézime |

tarifa (f)	тарифа (ж)	tarífa
ordinário	обичан	óbičan
econômico	економичан	ekónomičan

peso (m)	тежина (ж)	težína
pesar (estabelecer o peso)	вагати (пг)	vágati
envelope (m)	коверат (м)	kovérat
selo (m)	поштанска марка (ж)	poštanska márka
colar o selo	лепити марку	lépiti márku

Moradia. Casa. Lar

82. Casa. Habitação

casa (f)	кућа (ж)	kúća
em casa	код куће	kod kúće
pátio (m)	двориште (с)	dvórište
cerca (f)	ограда (ж)	ógrada
tijolo (m)	опека, цигла (ж)	ópeka, cígla
de tijolos	циглени	cígleni
pedra (f)	камен (м)	kámen
de pedra	камени	kámeni
betão (m)	бетон (м)	béton
de betão	бетонски	bétonski
novo	нов	nov
velho	стар	star
decrépito	трошан	tróšan
moderno	савремен	sávremen
de muitos andares	вишеспратни	višesprátni
alto	висок	vísok
andar (m)	спрат (м)	sprat
de um andar	једноспратан	jédnospratan
andar (m) de baixo	приземље (с)	prízemlje
andar (m) de cima	горњи спрат (м)	górnji sprat
telhado (m)	кров (м)	krov
chaminé (f)	димњак (м)	dímnjak
telha (f)	цреп (м)	crep
de telha	поплочан, од црепа	pópločan, od crépa
sótão (m)	поткровље (с), таван (м)	pótkrovlje, távan
janela (f)	прозор (м)	prózor
vidro (m)	стакло (с)	stáklo
parapeito (m)	прозорска даска (ж)	prózorska dáska
portadas (f pl)	прозорски капци (мн)	prózorski kápci
parede (f)	зид (м)	zid
varanda (f)	балкон (м)	bálkon
tubo (m) de queda	олучна цев (ж)	ólučna cev
em cima	на горњем спрату	na górnjem sprátu
subir (~ as escadas)	пењати се	pénjati se
descer (vi)	спуштати се	spúštati se
mudar-se (vr)	преселити се	preséliti se

83. Casa. Entrada. Elevador

entrada (f)	улаз (м)	úlaz
escada (f)	степениште (с)	stépenište
degraus (m pl)	степенице (мн)	stépenice
corrimão (m)	ограда (ж) за степенице	ógrada za stépenice
hall (m) de entrada	хол (м)	hol
caixa (f) de correio	поштанско сандуче (с)	póštansko sánduče
caixote (m) do lixo	канта (ж) за ђубре	kánta za đúbre
conduta (f) do lixo	одводна цев (ж) за ђубре	ódvodna cev za đúbre
elevador (m)	лифт (м)	lift
elevador (m) de carga	теретни лифт (м)	téretni lift
cabine (f)	кабина (ж)	kabína
pegar o elevador	возити се лифтом	vóziti se líftom
apartamento (m)	стан (м)	stan
moradores (m pl)	станари (мн)	stánari
vizinho (m)	комшија (м)	kómšija
vizinha (f)	комшиница (ж)	kómšinica
vizinhos (pl)	комшије (мн)	kómšije

84. Casa. Portas. Fechaduras

porta (f)	врата (мн)	vráta
portão (m)	капија (ж)	kápija
maçaneta (f)	квака (ж)	kváka
destrancar (vt)	откључати (нг)	otključati
abrir (vt)	отварати (пг)	otvárati
fechar (vt)	затварати (пг)	zatvárati
chave (f)	кључ (м)	ključ
molho (m)	свежањ (м)	svéžanj
ranger (vi)	шкрипати (нг)	škrípati
rangido (m)	шкрипа (ж)	škrípa
dobradiça (f)	шарка (ж)	šárka
tapete (m) de entrada	отирач (м)	otírač
fechadura (f)	брава (ж)	bráva
buraco (m) da fechadura	кључаоница (ж)	ključaónica
ferrolho (m)	засун (м)	zásun
fecho (ferrolho pequeno)	реза (ж)	réza
cadeado (m)	катанац (м)	kátanac
tocar (vt)	звонити (нг)	zvóniti
toque (m)	звоно (с)	zvóno
campainha (f)	звонце (с)	zvónce
botão (m)	дугме (с)	dúgme
batida (f)	куцање (с)	kúcanje
bater (vi)	куцати (нг)	kúcati

código (m)	код (м)	kod
fechadura (f) de código	брава (ж) са шифром	bráva sa šífrom
telefone (m) de porta	интерфон (м)	ínterfon
número (m)	број (м)	broj
placa (f) de porta	плочица (ж) на вратима	plóčica na vrátima
vigia (f), olho (m) mágico	шпијунка (ж)	špíjunka

85. Casa de campo

aldeia (f)	село (с)	sélo
horta (f)	повртњак (м)	póvrtnjak
cerca (f)	ограда (ж)	ógrada
paliçada (f)	дрвена ограда (ж)	dŕvena ógrada
cancela (f) do jardim	капија (ж), капицик (м)	kápija, kapídžik

celeiro (m)	амбар (м)	ámbar
adega (f)	подрум (м)	pódrum
galpão, barracão (m)	шупа (ж)	šúpa
poço (m)	бунар (м)	búnar

fogão (m)	пећ (ж)	peć
atiçar o fogo	ложити пећ	lóžiti peć
lenha (carvão ou ~)	дрва (мн)	dŕva
acha (lenha)	цепаница (ж)	cépanica

varanda (f)	веранда (ж)	veránda
alpendre (m)	тераса (ж)	terása
degraus (m pl) de entrada	трем (м)	trem
balouço (m)	љуљашка (ж)	ljúljaška

86. Castelo. Palácio

castelo (m)	замак (м)	zámak
palácio (m)	палата (ж)	paláta
fortaleza (f)	тврђава (ж)	tvŕđava

muralha (f)	зид (м)	zid
torre (f)	кула (ж)	kúla
calabouço (m)	главна кула (ж)	glávna kúla

grade (f) levadiça	подизна решетка (ж)	pódizna réšetka
passagem (f) subterrânea	подземни пролаз (м)	pódzemni prólaz
fosso (m)	шанац (м)	šánac

| corrente, cadeia (f) | ланац (м) | lánac |
| seteira (f) | пушкарница (ж) | púškarnica |

| magnífico | велелепан | velelépan |
| majestoso | величанствен | veličánstven |

| inexpugnável | неосвојив | neosvójiv |
| medieval | средњовековни | srednjovékovni |

87. Apartamento

apartamento (m)	стан (м)	stan
quarto (m)	соба (ж)	sóba
quarto (m) de dormir	спаваћа соба (ж)	spávaća sóba
sala (f) de jantar	трпезарија (ж)	trpezárija
sala (f) de estar	дневна соба (ж)	dnévna sóba
escritório (m)	кабинет (м)	kabínet
antessala (f)	ходник (м)	hódnik
quarto (m) de banho	купатило (с)	kupátilo
toilette (lavabo)	тоалет (м)	toálet
teto (m)	плафон (м)	pláfon
chão, soalho (m)	под (м)	pod
canto (m)	угао, ћошак (м)	úgao, ćóšak

88. Apartamento. Limpeza

arrumar, limpar (vt)	поспремати (пг)	posprémati
guardar (no armário, etc.)	склонити (пг)	sklóniti
pó (m)	прашина (ж)	prášina
empoeirado	прашњав	prášnjav
limpar o pó	брисати прашину	brísati prášinu
aspirador (m)	усисивач (м)	usisívač
aspirar (vt)	усисавати (нг, пг)	usisávati
varrer (vt)	мести (нг, пг)	mésti
sujeira (f)	прљавштина (ж)	prljávština
arrumação (f), ordem (f)	ред (м)	red
desordem (f)	неред (м)	néred
esfregão (m)	џогер (м)	džóger
pano (m), trapo (m)	крпа (ж)	kŕpa
vassoura (f)	метла (ж)	métla
pá (f) de lixo	ђубровник (м)	đúbrovnik

89. Mobiliário. Interior

mobiliário (m)	намештај (м)	námeštaj
mesa (f)	сто (м)	sto
cadeira (f)	столица (ж)	stólica
cama (f)	кревет (м)	krévet
divã (m)	диван (м)	dívan
cadeirão (m)	фотеља (ж)	fotélja
estante (f)	орман (м) за књиге	órman za knjíge
prateleira (f)	полица (ж)	pólica
guarda-vestidos (m)	орман (м)	órman
cabide (m) de parede	вешалица (ж)	véšalica

cabide (m) de pé	чивилук (м)	číviluk
cómoda (f)	комода (ж)	komóda
mesinha (f) de centro	столиц (м) за кафу	stólic za kafu

espelho (m)	огледало (с)	oglédalo
tapete (m)	тепих (м)	tépih
tapete (m) pequeno	ћилимче (с)	ćilímče

lareira (f)	камин (м)	kámin
vela (f)	свећа (ж)	svéća
castiçal (m)	свећњак (м)	svéćnjak

cortinas (f pl)	завесе (мн)	závese
papel (m) de parede	тапете (мн)	tapéte
estores (f pl)	ролетна (ж)	róletna

candeeiro (m) de mesa	стона лампа (ж)	stóna lámpa
candeeiro (m) de parede	зидна светиљка (ж)	zídna svétiljka
candeeiro (m) de pé	подна лампа (ж)	pódna lámpa
lustre (m)	лустер (м)	lúster

pé (de mesa, etc.)	нога (ж)	nóga
braço (m)	наслон (м) за руку	náslon za rúku
costas (f pl)	наслон (м)	náslon
gaveta (f)	фиока (ж)	fióka

90. Quarto de dormir

roupa (f) de cama	постељина (ж)	posteljína
almofada (f)	јастук (м)	jástuk
fronha (f)	јастучница (ж)	jástučnica
cobertor (m)	јорган (м)	jórgan
lençol (m)	чаршав (м)	čáršav
colcha (f)	покривач (м)	pokrívač

91. Cozinha

cozinha (f)	кухиња (ж)	kúhinja
gás (m)	гас (м)	gas
fogão (m) a gás	плински шпорет (м)	plínski špóret
fogão (m) elétrico	електрични шпорет (м)	eléktrični šporet
forno (m)	рерна (ж)	rérna
forno (m) de micro-ondas	микроталасна рерна (ж)	mikrotálasna rérna

frigorífico (m)	фрижидер (м)	frížider
congelador (m)	замрзивач (м)	zamrzívač
máquina (f) de lavar louça	машина (ж) за прање судова	mašína za pránje súdova

moedor (m) de carne	млин (м) за месо	mlin za méso
espremedor (m)	соковник (м)	sókovnik
torradeira (f)	тостер (м)	tóster

batedeira (f)	миксер (м)	míkser
máquina (f) de café	апарат (м) за кафу	apárat za káfu
cafeteira (f)	лонче (c) за кафу	lónče za káfu
moinho (m) de café	млин (м) за кафу	mlin za káfu

chaleira (f)	кувало, чајник (м)	kúvalo, čájnik
bule (m)	чајник (м)	čájnik
tampa (f)	поклопац (м)	póklopac
coador (m) de chá	цедиљка (ж)	cédiljka

colher (f)	кашика (ж)	kášika
colher (f) de chá	кашичица (ж)	kášičica
colher (f) de sopa	супена кашика (ж)	súpena kášika
garfo (m)	виљушка (ж)	víljuška
faca (f)	нож (м)	nož

louça (f)	посуђе (c)	pósuđe
prato (m)	тањир (м)	tánjir
pires (m)	тацна (ж)	tácna

cálice (m)	чашица (ж)	čášica
copo (m)	чаша (ж)	čáša
chávena (f)	шоља (ж)	šólja

açucareiro (m)	шећерница (ж)	šéćernica
saleiro (m)	сланик (м)	slánik
pimenteiro (m)	биберница (ж)	bíbernica
manteigueira (f)	посуда (ж) за маслац	pósuda za máslac

panela, caçarola (f)	шерпа (ж), лонац (м)	šerpa, lónac
frigideira (f)	тигањ (м)	tíganj
concha (f)	кутлача (ж)	kútlača
passador (m)	цедиљка (ж)	cédiljka
bandeja (f)	послужавник (м)	poslúžavnik

garrafa (f)	боца, флаша (ж)	bóca, fláša
boião (m) de vidro	тегла (ж)	tégla
lata (f)	лименка (ж)	límenka

abre-garrafas (m)	отварач (м)	otvárač
abre-latas (m)	отварач (м)	otvárač
saca-rolhas (m)	вадичеп (м)	vádičep
filtro (m)	филтар (м)	fíltar
filtrar (vt)	филтрирати (пг)	filtrírati

| lixo (m) | смеће, ђубре (c) | smeće, đúbre |
| balde (m) do lixo | канта (ж) за ђубре | kánta za đúbre |

92. Casa de banho

quarto (m) de banho	купатило (c)	kupátilo
água (f)	вода (ж)	vóda
torneira (f)	славина (ж)	slávina
água (f) quente	топла вода (ж)	tópla vóda

água (f) fria	хладна вода (ж)	hládna vóda
pasta (f) de dentes	паста (ж) за зубе	pásta za zúbe
escovar os dentes	прати зубе	práti zúbe
escova (f) de dentes	четкица (ж) за зубе	čétkica za zúbe
barbear-se (vr)	бријати се	bríjati se
espuma (f) de barbear	пена (ж) за бријање	péna za bríjanje
máquina (f) de barbear	бријач (м)	bríjač
lavar (vt)	прати (пг)	práti
lavar-se (vr)	купати се	kúpati se
duche (m)	туш (м)	tuš
tomar um duche	туширати се	tušírati se
banheira (f)	када (ж)	káda
sanita (f)	ВЦ шоља (ж)	VC šólja
lavatório (m)	лавабо (м)	lavábo
sabonete (m)	сапун (м)	sápun
saboneteira (f)	кутија (ж) за сапун	kútija za sápun
esponja (f)	сунђер (м)	súnđer
champô (m)	шампон (м)	šámpon
toalha (f)	пешкир (м)	péškir
roupão (m) de banho	баде мантил (м)	báde mántil
lavagem (f)	прање (с)	pránje
máquina (f) de lavar	веш машина (ж)	veš mašína
lavar a roupa	прати веш	práti veš
detergente (m)	прашак (м) за веш	prášak za veš

93. Eletrodomésticos

televisor (m)	телевизор (м)	televízor
gravador (m)	касетофон (м)	kasetofon
videogravador (m)	видео рекордер (м)	vídeo rekórder
rádio (m)	радио (м)	rádio
leitor (m)	плејер (м)	pléjer
projetor (m)	видео пројектор (м)	vídeo projéktor
cinema (m) em casa	кућни биоскоп (м)	kúćni bíoskop
leitor (m) de DVD	ДВД плејер (м)	DVD plejer
amplificador (m)	појачало (с)	pojáčalo
console (f) de jogos	играћа конзола (ж)	ígraća konzóla
câmara (f) de vídeo	видеокамера (ж)	vídeokámera
máquina (f) fotográfica	фотоапарат (м)	fotoapárat
câmara (f) digital	дигитални фотоапарат (м)	dígitalni fotoapárat
aspirador (m)	усисивач (м)	usisívač
ferro (m) de engomar	пегла (ж)	pégla
tábua (f) de engomar	даска (ж) за пеглање	dáska za péglanje
telefone (m)	телефон (м)	teléfon
telemóvel (m)	мобилни телефон (м)	móbilni teléfon

máquina (f) de escrever	писаћа машина (ж)	písaća mašína
máquina (f) de costura	шиваћа машина (ж)	šívaća mašína

microfone (m)	микрофон (м)	míkrofon
auscultadores (m pl)	слушалице (мн)	slúšalice
controlo remoto (m)	даљински управљач (м)	daljínski uprávljač

CD (m)	ЦД диск (м)	CD disk
cassete (f)	касета (ж)	kaséta
disco (m) de vinil	плоча (ж)	plóča

94. Reparações. Renovação

renovação (f)	реновирање (с)	renovíranje
renovar (vt), fazer obras	реновирати (пг)	renovírati
reparar (vt)	поправљати (пг)	pópravljati
consertar (vt)	доводити у ред	dovóditi u red
refazer (vt)	поново урадити	pónovo uráditi

tinta (f)	фарба (ж)	fárba
pintar (vt)	бојити (пг)	bójiti
pintor (m)	молер (м)	móler
pincel (m)	четка (ж)	čétka

cal (f)	белило (с), креч (м)	bélilo, kreč
caiar (vt)	белити (нг)	béliti

papel (m) de parede	тапете (мн)	tapéte
colocar papel de parede	налепити тапете	nálepiti tapéte
verniz (m)	лак (м)	lak
envernizar (vt)	лакирати	lakírati

95. Canalizações

água (f)	вода (ж)	vóda
água (f) quente	топла вода (ж)	tópla vóda
água (f) fria	хладна вода (ж)	hládna vóda
torneira (f)	славина (ж)	slávina

gota (f)	кап (ж)	kap
gotejar (vi)	капати (нг)	kápati
vazar (vt)	цурити (нг)	cúriti
vazamento (m)	цурење (с)	cúrenje
poça (f)	бара (ж)	bára

tubo (m)	цев (ж)	cev
válvula (f)	вентил (м)	véntil
entupir-se (vr)	зачепити се	začépiti se

ferramentas (f pl)	алати (мн)	álati
chave (f) inglesa	подешавајући кључ (м)	podešávajući ključ
desenroscar (vt)	одврнути (пг)	odvŕnuti

enroscar (vt)	заврнути, стегнути (пг)	závrnuti, stégnuti
desentupir (vt)	отпушити (пг)	otpúšiti
canalizador (m)	водоинсталатер (м)	vodoinstaláter
cave (f)	подрум (м)	pódrum
sistema (m) de esgotos	канализација (ж)	kanalizácija

96. Fogo. Deflagração

incêndio (m)	пожар (м)	póžar
chama (f)	пламен (м)	plámen
faísca (f)	искра (ж)	ískra
fumo (m)	дим (м)	dim
tocha (f)	бакља (ж)	báklja
fogueira (f)	логорска ватра (ж)	lógorska vátra
gasolina (f)	бензин (м)	bénzin
querosene (m)	керозин (м)	kerózin
inflamável	запаљив	zápaljiv
explosivo	експлозиван	éksplozivan
PROIBIDO FUMAR!	ЗАБРАЊЕНО ПУШЕЊЕ	ZABRANJENO PUŠENJE
segurança (f)	безбедност (ж)	bezbédnost
perigo (m)	опасност (ж)	opásnost
perigoso	опасан	ópasan
incendiar-se (vr)	запалити се	zapáliti se
explosão (f)	експлозија (ж)	eksplózija
incendiar (vt)	запалити (пг)	zapáliti
incendiário (m)	потпаљивач (м)	potpaljívač
incêndio (m) criminoso	палеж (м), паљевина (ж)	pálež, páljevina
arder (vi)	пламтети (нг)	plámteti
queimar (vi)	горети (нг)	góreti
queimar tudo (vi)	изгорети (нг)	izgóreti
chamar os bombeiros	позвати ватрогасце	pózvati vátrogasce
bombeiro (m)	ватрогасац (м)	vatrogásac
carro (m) de bombeiros	ватрогасно возило (с)	vátrogasno vózilo
corpo (m) de bombeiros	ватрогасна бригада (ж)	vátrogasna brigáda
escada (f) extensível	ватрогасне мердевине (мн)	vátrogasne mérdevine
mangueira (f)	црево (с)	crévo
extintor (m)	противпожарни апарат (м)	protivpóžarni apárat
capacete (m)	шлем (м)	šlem
sirene (f)	сирена (ж)	siréna
gritar (vi)	викати (нг)	víkati
chamar por socorro	звати у помоћ	zváti u pómoć
salvador (m)	спасилац (м)	spásilac
salvar, resgatar (vt)	спасавати (пг)	spasávati
chegar (vi)	пристићи (нг)	prístići
apagar (vt)	гасити (пг)	gásiti

| água (f) | вода (ж) | vóda |
| areia (f) | песак (м) | pésak |

ruínas (f pl)	рушевине (мн)	rúševine
ruir (vi)	срушити се	srúšiti se
desmoronar (vi)	срушити се	srúšiti se
desabar (vi)	срушити се	srúšiti se

| fragmento (m) | крхотина (ж) | krhótina |
| cinza (f) | пепео (м) | pépeo |

| sufocar (vi) | загушити се | zagušiti se |
| perecer (vi) | погинути (нг) | póginuti |

ATIVIDADES HUMANAS

Emprego. Negócios. Parte 1

97. Banca

banco (m)	банка (ж)	bánka
sucursal, balcão (f)	експозитура (ж)	ekspozitúra
consultor (m)	банкарски службеник (м)	bánkarski slúžbenik
gerente (m)	менаџер (м)	ménadžer
conta (f)	рачун (м)	ráčun
número (m) da conta	број (м) рачуна	broj račúna
conta (f) corrente	текући рачун (м)	tékući ráčun
conta (f) poupança	штедни рачун (м)	štédni ráčun
abrir uma conta	отворити рачун	ótvoriti ráčun
fechar uma conta	затворити рачун	zatvóriti ráčun
depositar na conta	поставити на рачун	póstaviti na ráčun
levantar (vt)	подићи са рачуна	pódići sa račúna
depósito (m)	депозит (м)	depózit
fazer um depósito	ставити новац на рачун	stáviti nóvac na ráčun
transferência (f) bancária	трансфер (м) новца	tránsfer nóvca
transferir (vt)	послати новац	póslati nóvac
soma (f)	износ (м)	íznos
Quanto?	Колико?	Kolíko?
assinatura (f)	потпис (м)	pótpis
assinar (vt)	потписати (пг)	potpísati
cartão (m) de crédito	кредитна картица (ж)	kréditna kártica
código (m)	код (м)	kod
número (m) do cartão de crédito	број (м) кредитне картице	broj kréditne kártice
Caixa Multibanco (m)	банкомат (м)	bánkomat
cheque (m)	чек (м)	ček
passar um cheque	написати чек	napísati ček
livro (m) de cheques	чековна књижица (ж)	čékovna knjížica
empréstimo (m)	кредит (м)	krédit
pedir um empréstimo	затражити кредит	zátražiti krédit
obter um empréstimo	узимати кредит	uzímati krédit
conceder um empréstimo	давати кредит	dávati krédit
garantia (f)	гаранција (ж)	garáncija

98. Telefone. Conversação telefónica

telefone (m)	телефон (м)	teléfon
telemóvel (m)	мобилни телефон (м)	móbilni teléfon
secretária (f) electrónica	секретарица (ж)	sekretárica
fazer uma chamada	звати (нг)	zváti
chamada (f)	позив (м)	póziv
marcar um número	позвати број	pózvati broj
Alô!	Хало!	Hálo!
perguntar (vt)	упитати (нг)	upítati
responder (vt)	јавити се	jáviti se
ouvir (vt)	чути (нг, пг)	čúti
bem	добро	dóbro
mal	лоше	loše
ruído (m)	сметње (мн)	smétnje
auscultador (m)	слушалица (ж)	slúšalica
pegar o telefone	подићи слушалицу	pódići slúšalicu
desligar (vi)	спустити слушалицу	spústiti slúšalicu
ocupado	заузето	záuzeto
tocar (vi)	звонити (нг)	zvóniti
lista (f) telefónica	телефонски именик (м)	teléfonski ímenik
local	локалан	lókalan
chamada (f) local	локални позив (м)	lókalni póziv
de longa distância	међуградски	međugrádski
chamada (f) de longa distância	међуградски позив (м)	međugrádski póziv
internacional	међународни	međunárodni
chamada (f) internacional	међународни позив (м)	međunárodni póziv

99. Telefone móvel

telemóvel (m)	мобилни телефон (м)	móbilni teléfon
ecrã (m)	дисплеј (м)	displéj
botão (m)	дугме (с)	dúgme
cartão SIM (m)	СИМ картица (ж)	SIM kártica
bateria (f)	батерија (ж)	báterija
descarregar-se	испразнити се	isprázniti se
carregador (m)	пуњач (м)	púnjač
menu (m)	мени (м)	méni
definições (f pl)	подешавања (мн)	podešávanja
melodia (f)	мелодија (ж)	mélodija
escolher (vt)	изабрати (нг)	izábrati
calculadora (f)	калкулатор (м)	kalkulátor
correio (m) de voz	говорна пошта (ж)	góvorna póšta

| despertador (m) | будилник (м) | búdilnik |
| contatos (m pl) | контакти (мн) | kóntakti |

| mensagem (f) de texto | СМС порука (ж) | SMS póruka |
| assinante (m) | претплатник (м) | prétplatnik |

100. Estacionário

| caneta (f) | хемијска оловка (ж) | hémijska ólovka |
| caneta (f) tinteiro | наливперо (с) | nálivpero |

lápis (m)	оловка (ж)	ólovka
marcador (m)	маркер (м)	márker
caneta (f) de feltro	фломастер (м)	flómaster

| bloco (m) de notas | нотес (м) | nótes |
| agenda (f) | роковник (м) | rokóvnik |

régua (f)	лењир (м)	lénjir
calculadora (f)	калкулатор (м)	kalkulátor
borracha (f)	гумица (ж)	gúmica
pionés (m)	пајснадла (ж)	pájsnadla
clipe (m)	спајалица (ж)	spájalica

cola (f)	лепак (м)	lépak
agrafador (m)	хефталица (ж)	héftalica
furador (m)	бушилица (ж) за папир	búšilica za pápir
afia-lápis (m)	резач (м)	rézač

Emprego. Negócios. Parte 2

101. Media

jornal (m)	новине (мн)	nóvine
revista (f)	часопис (м)	čásopis
imprensa (f)	штампа (ж)	štámpa
rádio (m)	радио (м)	rádio
estação (f) de rádio	радио станица (ж)	rádio stánica
televisão (f)	телевизија (ж)	televízija
apresentador (m)	водитељ (м)	vóditelj
locutor (m)	спикер (м)	spíker
comentador (m)	коментатор (м)	koméntator
jornalista (m)	новинар (м)	nóvinar
correspondente (m)	дописник (м)	dópisnik
repórter (m) fotográfico	фоторепортер (м)	fotorepórter
repórter (m)	репортер (м)	repórter
redator (m)	уредник (м)	úrednik
redator-chefe (m)	главни уредник (м)	glávni úrednik
assinar a ...	претплатити се	pretplátiti se
assinatura (f)	претплата (ж)	prétplata
assinante (m)	претплатник (м)	prétplatnik
ler (vt)	читати (нг, пг)	čítati
leitor (m)	читалац (м)	čítalac
tiragem (f)	тираж (м)	tíraž
mensal	месечни	mésečni
semanal	недељни	nédeljni
número (jornal, revista)	број (м)	broj
recente	нов	nov
manchete (f)	наслов (м)	náslov
pequeno artigo (m)	чланак (м)	člának
coluna (~ semanal)	рубрика (ж)	rúbrika
artigo (m)	чланак (м)	člának
página (f)	страна (ж)	strána
reportagem (f)	репортажа (ж)	reportáža
evento (m)	догађај (м)	dógađaj
sensação (f)	сензација (ж)	senzácija
escândalo (m)	скандал (м)	skándal
escandaloso	скандалозан	skándalozan
grande	велики	véliki
programa (m) de TV	емисија (ж)	emísija
entrevista (f)	интервју (м)	intérvju

| transmissão (f) em direto | директан пренос (м) | diréktan prénos |
| canal (m) | канал (м) | kánal |

102. Agricultura

agricultura (f)	пољопривреда (ж)	poljoprívreda
camponês (m)	сељак (м)	séljak
camponesa (f)	сељанка (ж)	séljanka
agricultor (m)	фармер (м)	fármer

| trator (m) | трактор (м) | tráktor |
| ceifeira-debulhadora (f) | комбајн (м) | kómbajn |

arado (m)	плуг (м)	plug
arar (vt)	орати (пг)	órati
campo (m) lavrado	ораница (ж)	óranica
rego (m)	бразда (ж)	brázda

semear (vt)	сејати (нг, пг)	séjati
semeadora (f)	сејалица (ж)	séjalica
semeadura (f)	сетва (ж)	sétva

| gadanha (f) | коса (ж) | kósa |
| gadanhar (vt) | косити (пг) | kósiti |

| pá (f) | лопата (ж) | lópata |
| cavar (vt) | орати (пг) | órati |

enxada (f)	мотика (ж)	mótika
carpir (vt)	плевити (пг)	pléviti
erva (f) daninha	коров (м)	kórov

regador (m)	канта (ж) за заливање	kánta za zalívanje
regar (vt)	заливати (пг)	zalívati
rega (f)	заливање (c)	zalívanje

| forquilha (f) | виле (ж) | víle |
| ancinho (m) | грабуље (мн) | grábulje |

fertilizante (m)	ђубриво (c)	đúbrivo
fertilizar (vt)	ђубрити (пг)	đúbriti
estrume (m)	балега (ж)	bálega

campo (m)	поље (c)	pólje
prado (m)	ливада (ж)	lívada
horta (f)	повртњак (м)	póvrtnjak
pomar (m)	воћњак (м)	vóćnjak

pastar (vt)	пасти (пг)	pásti
pastor (m)	пастир, чобан (м)	pástir, čóban
pastagem (f)	пашњак (м)	pášnjak

| pecuária (f) | сточарство (c) | stočárstvo |
| criação (f) de ovelhas | овчарство (c) | ovčárstvo |

plantação (f)	плантажа (ж)	plantáža
canteiro (m)	гредица (ж)	grédica
invernadouro (m)	стакленик (м)	stáklenik

| seca (f) | суша (ж) | súša |
| seco (verão ~) | сушан | súšan |

cereal (m)	зрно (с)	zŕno
cereais (m pl)	житарице (мн)	žitárice
colher (vt)	брати (пг)	bráti

moleiro (m)	млинар (м)	mlínar
moinho (m)	млин (м)	mlin
moer (vt)	мљети (пг)	mljéti
farinha (f)	брашно (с)	brášno
palha (f)	слама (ж)	sláma

103. Construção. Processo de construção

canteiro (m) de obras	градилиште (с)	grádilište
construir (vt)	градити (пг)	gráditi
construtor (m)	грађевинар (м)	građevínar

projeto (m)	пројекат (м)	projékat
arquiteto (m)	архитекта (м)	arhitékta
operário (m)	радник (м)	rádnik

fundação (f)	темељ (м)	témelj
telhado (m)	кров (м)	krov
estaca (f)	шип (м)	šip
parede (f)	зид (м)	zid

| varões (m pl) para betão | арматура (ж) | armatúra |
| andaime (m) | скеле (мн) | skéle |

betão (m)	бетон (м)	béton
granito (m)	гранит (м)	gránit
pedra (f)	камен (м)	kámen
tijolo (m)	опека, цигла (ж)	ópeka, cígla

areia (f)	песак (м)	pésak
cimento (m)	цемент (м)	cément
emboço (m)	малтер (м)	málter
emboçar (vt)	малтерисати (пг)	maltérisati
tinta (f)	фарба (ж)	fárba
pintar (vt)	бојити (пг)	bójiti
barril (m)	буре (с)	búre

grua (f), guindaste (m)	дизалица (ж)	dízalica
erguer (vt)	дизати (пг)	dízati
baixar (vt)	спуштати (пг)	spúštati

| buldózer (m) | булдожер (м) | búldožer |
| escavadora (f) | багер (м) | báger |

caçamba (f)	кашика (ж)	kášika
escavar (vt)	копати (пг)	kópati
capacete (m) de proteção	шлем (м)	šlem

Profissões e ocupações

trabalho (m)	посао (м)	pósao
equipa (f)	особље (с)	ósoblje
pessoal (m)	особље (с)	ósoblje
carreira (f)	каријера (ж)	karijéra
perspetivas (f pl)	изгледи (мн)	ízgledi
mestria (f)	мајсторство (с)	májstorstvo
seleção (f)	одабирање (с)	odábiranje
agência (f) de emprego	регрутна агенција (ж)	régrutna agéncija
CV, currículo (m)	резиме (м)	rezíme
entrevista (f) de emprego	разговор (м) за посао	rázgovor za pósao
vaga (f)	слободно место (с)	slóbodno mésto
salário (m)	плата, зарада (ж)	pláta, zárada
salário (m) fixo	фиксна зарада (ж)	fíksna zárada
pagamento (m)	плата (ж)	pláta
posto (m)	положај (м)	póložaj
dever (do empregado)	дужност (ж)	dúžnost
gama (f) de deveres	радни задаци (мн)	rádni zadáci
ocupado	заузет	záuzet
despedir, demitir (vt)	отпустити (пг)	otpústiti
demissão (f)	отпуст (м)	ótpust
desemprego (m)	незапосленост (ж)	nezáposlenost
desempregado (m)	незапослен (м)	nezáposlen
reforma (f)	пензија (ж)	pénzija
reformar-se	отићи у пензију	ótići u pénziju

diretor (m)	директор (м)	dírektor
gerente (m)	менаџер (м)	ménadžer
patrão, chefe (m)	шеф (м)	šef
superior (m)	шеф, начелник (м)	šef, náčelnik
superiores (m pl)	руководство (с)	rúkovodstvo
presidente (m)	председник (м)	prédsednik
presidente (m) de direção	председник (м)	prédsednik
substituto (m)	заменик (м)	zámenik
assistente (m)	помоћник (м)	pomóćnik
secretário (m)	секретар (м),	sekrétar,
	секретарица (ж)	sekretárica

secretário (m) pessoal	лични секретар (м)	líčni sekrétar
homem (m) de negócios	бизнисмен (м)	bíznismen
empresário (m)	предузетник (м)	preduzétnik
fundador (m)	оснивач (м)	osnívač
fundar (vt)	основати (пг)	osnóvati
fundador, sócio (m)	оснивач (м)	osnívač
parceiro, sócio (m)	партнер (м)	pártner
acionista (m)	акционар (м)	akciónar
milionário (m)	милионер (м)	milióner
bilionário (m)	милијардер (м)	milijárder
proprietário (m)	власник (м)	vlásnik
proprietário (m) de terras	земљопоседник (м)	zemljopósednik
cliente (m)	клијент (м)	klíjent
cliente (m) habitual	стална муштерија (м)	stálna múšterija
comprador (m)	купац (м)	kúpac
visitante (m)	посетилац (м)	posétilac
profissional (m)	професионалац (м)	profesionálac
perito (m)	експерт (м)	ékspert
especialista (m)	стручњак (м)	strúčnjak
banqueiro (m)	банкар (м)	bánkar
corretor (m)	брокер (м)	bróker
caixa (m, f)	благајник (м)	blágajnik
contabilista (m)	књиговођа (м)	knjígovođa
guarda (m)	чувар (м)	čúvar
investidor (m)	инвеститор (м)	invéstitor
devedor (m)	дужник (м)	dúžnik
credor (m)	зајмодавац, поверилац (м)	zajmodávac, povérilac
mutuário (m)	зајмопримац (м)	zajmoprímac
importador (m)	увозник (м)	úvoznik
exportador (m)	извозник (м)	ízvoznik
produtor (m)	произвођач (м)	proizvóđač
distribuidor (m)	дистрибутер (м)	distribúter
intermediário (m)	посредник (м)	pósrednik
consultor (m)	саветодавац (м)	savetodávac
representante (m)	представник (м)	préstavnik
agente (m)	агент (м)	ágent
agente (m) de seguros	агент (м) осигурања	ágent osiguránja

106. Profissões de serviços

cozinheiro (m)	кувар (м)	kúvar
cozinheiro chefe (m)	главни кувар (м)	glávni kúvar
padeiro (m)	пекар (м)	pékar
barman (m)	бармен (м)	bármen

| empregado (m) de mesa | конобар (м) | kónobar |
| empregada (f) de mesa | конобарица (ж) | konobárica |

advogado (m)	адвокат (м)	advókat
jurista (m)	правник (м)	právnik
notário (m)	јавни бележник (м)	jávni béležnik

eletricista (m)	електричар (м)	eléktričar
canalizador (m)	водоинсталатер (м)	vodoinstaláter
carpinteiro (m)	столар (м)	stólar

massagista (m)	масер (м)	máser
massagista (f)	масерка (ж)	máserka
médico (m)	лекар (м)	lékar

taxista (m)	таксиста (м)	táksista
condutor (automobilista)	возач (м)	vózač
entregador (m)	курир (м)	kúrir

camareira (f)	собарица (ж)	sóbarica
guarda (m)	чувар (м)	čúvar
hospedeira (f) de bordo	стјуардеса (ж)	stjuardésa

professor (m)	учитељ (м)	účitelj
bibliotecário (m)	библиотекар (м)	bibliotékar
tradutor (m)	преводилац (м)	prevódilac
intérprete (m)	преводилац (м)	prevódilac
guia (pessoa)	водич (м)	vódič

cabeleireiro (m)	фризер (м)	frízer
carteiro (m)	поштар (м)	póštar
vendedor (m)	продавач (м)	prodávač

jardineiro (m)	баштован (м)	báštovan
criado (m)	слуга (м)	slúga
criada (f)	слушкиња (ж)	slúškinja
empregada (f) de limpeza	чистачица (ж)	čistáčica

107. Profissões militares e postos

soldado (m) raso	редов (м)	rédov
sargento (m)	наредник (м)	nárednik
tenente (m)	поручник (м)	póručnik
capitão (m)	капетан (м)	kapétan

major (m)	мајор (м)	májor
coronel (m)	пуковник (м)	púkovnik
general (m)	генерал (м)	genéral
marechal (m)	маршал (м)	máršal
almirante (m)	адмирал (м)	admíral

militar (m)	војно лице (с)	vójno líce
soldado (m)	војник (м)	vójnik
oficial (m)	официр (м)	ofícir

comandante (m)	командант (м)	komándant
guarda (m) fronteiriço	граничар (м)	gráničar
operador (m) de rádio	радио оператер (м)	rádio operáter
explorador (m)	извиђач (м)	izvíđač
sapador (m)	деминер (м)	demíner
atirador (m)	стрелац (м)	strélac
navegador (m)	навигатор (м)	navígator

108. Oficiais. Padres

rei (m)	краљ (м)	kralj
rainha (f)	краљица (ж)	králjica
príncipe (m)	принц (м)	princ
princesa (f)	принцеза (ж)	princéza
czar (m)	цар (м)	car
czarina (f)	царица (ж)	cárica
presidente (m)	председник (м)	prédsednik
ministro (m)	министар (м)	mínistar
primeiro-ministro (m)	премијер (м)	prémijer
senador (m)	сенатор (м)	sénator
diplomata (m)	дипломат (м)	diplómat
cônsul (m)	конзул (м)	kónzul
embaixador (m)	амбасадор (м)	ambásador
conselheiro (m)	саветник (м)	sávetnik
funcionário (m)	чиновник (м)	činóvnik
prefeito (m)	префект (м)	préfekt
Presidente (m) da Câmara	градоначелник (м)	gradonáčelnik
juiz (m)	судија (м)	súdija
procurador (m)	тужилац (м)	túžilac
missionário (m)	мисионар (м)	misiónar
monge (m)	монах (м)	mónah
abade (m)	опат (м)	ópat
rabino (m)	рабин (м)	rábin
vizir (m)	везир (м)	vézir
xá (m)	шах (м)	šah
xeque (m)	шеик (м)	šéik

109. Profissões agrícolas

apicultor (m)	пчелар (м)	pčélar
pastor (m)	пастир, чобан (м)	pástir, čóban
agrónomo (m)	агроном (м)	agrónom
criador (m) de gado	сточар (м)	stóčar
veterinário (m)	ветеринар (м)	veterínar

agricultor (m)	фармер (м)	fármer
vinicultor (m)	винар (м)	vínar
zoólogo (m)	зоолог (м)	zoólog
cowboy (m)	каубој (м)	káuboj

110. Profissões artísticas

ator (m)	глумац (м)	glúmac
atriz (f)	глумица (ж)	glúmica
cantor (m)	певач (м)	pévač
cantora (f)	певачица (ж)	peváčica
bailarino (m)	плесач (м)	plésač
bailarina (f)	плесачица (ж)	plesáčica
artista (m)	Уметник (м)	Úmetnik
artista (f)	Уметница (ж)	Úmetnica
músico (m)	музичар (м)	múzičar
pianista (m)	пијаниста (м)	pijanísta
guitarrista (m)	гитариста (м)	gitárista
maestro (m)	диригент (м)	dírigent
compositor (m)	композитор (м)	kompózitor
empresário (m)	импресарио (м)	impresário
realizador (m)	редитељ (м)	réditelj
produtor (m)	продуцент (м)	prodúcent
argumentista (m)	сценариста (м)	scenárista
crítico (m)	критичар (м)	krítičar
escritor (m)	писац (м)	písac
poeta (m)	песник (м)	pésnik
escultor (m)	вајар (м)	vájar
pintor (m)	сликар (м)	slíkar
malabarista (m)	жонглер (м)	žóngler
palhaço (m)	кловн (м)	klovn
acrobata (m)	акробата (м)	akróbata
mágico (m)	мађионичар (м)	mađióničar

111. Várias profissões

médico (m)	лекар (м)	lékar
enfermeira (f)	медицинска сестра (ж)	médicinska séstra
psiquiatra (m)	психијатар (м)	psihijátar
estomatologista (m)	стоматолог (м)	stomatólog
cirurgião (m)	хирург (м)	hírurg
astronauta (m)	астронаут (м)	astronáut
astrónomo (m)	астроном (м)	astrónom

piloto (m)	пилот (м)	pílot
motorista (m)	возач (м)	vózač
maquinista (m)	машиновођа (м)	mašinóvođa
mecânico (m)	механичар (м)	meháničar

mineiro (m)	рудар (м)	rúdar
operário (m)	радник (м)	rádnik
serralheiro (m)	бравар (м)	brávar
marceneiro (m)	столар (м)	stólar
torneiro (m)	стругар (м)	strúgar
construtor (m)	грађевинар (м)	građevínar
soldador (m)	варилац (м)	várilac

professor (m) catedrático	професор (м)	prófesor
arquiteto (m)	архитекта (м)	arhitékta
historiador (m)	историчар (м)	istóričar
cientista (m)	научник (м)	náučnik
físico (m)	физичар (м)	fízičar
químico (m)	хемичар (м)	hémičar

arqueólogo (m)	археолог (м)	arheólog
geólogo (m)	геолог (м)	geólog
pesquisador (cientista)	истраживач (м)	istražívač

| babysitter (f) | дадиља (ж) | dádilja |
| professor (m) | учитељ, наставник (м) | účitelj, nástavnik |

redator (m)	уредник (м)	úrednik
redator-chefe (m)	главни уредник (м)	glávni úrednik
correspondente (m)	дописник (м)	dópisnik
datilógrafa (f)	дактилографкиња (ж)	daktilógrafkinja

designer (m)	дизајнер (м)	dizájner
especialista (m) em informática	компјутерски стручњак (м)	kompjúterski strúčnjak
programador (m)	програмер (м)	prográmer
engenheiro (m)	инжењер (м)	inžénjer

marujo (m)	поморац, морнар (м)	pómorac, mórnar
marinheiro (m)	морнар (м)	mórnar
salvador (m)	спасилац (м)	spásilac

bombeiro (m)	ватрогасац (м)	vatrogásac
polícia (m)	полицајац (м)	policájac
guarda-noturno (m)	чувар (м)	čúvar
detetive (m)	детектив (м)	detéktiv

funcionário (m) da alfândega	цариник (м)	cárinik
guarda-costas (m)	телохранитељ (м)	telohránitelj
guarda (m) prisional	чувар (м)	čúvar
inspetor (m)	инспектор (м)	ínspektor

desportista (m)	спортиста (м)	sportísta
treinador (m)	тренер (м)	tréner
talhante (m)	касапин (м)	kásapin
sapateiro (m)	обућар (м)	óbućar

comerciante (m)	трговац (м)	tŕgovac
carregador (m)	утоваривач (м)	utovarívač

estilista (m)	модни креатор (м)	módni kreátor
modelo (f)	манекенка (ж)	manékenka

112. Ocupações. Estatuto social

aluno, escolar (m)	ђак (м)	đak
estudante (~ universitária)	студент (м)	stúdent

filósofo (m)	филозоф (м)	filózof
economista (m)	економиста (м)	ekonómista
inventor (m)	проналазач (м)	pronalázač

desempregado (m)	незапослен (м)	nezáposlen
reformado (m)	пензионер (м)	penzióner
espião (m)	шпијун (м)	špíjun

preso (m)	затвореник (м)	zatvorénik
grevista (m)	штрајкач (м)	štrájkač
burocrata (m)	бирократа (м)	birókrata
viajante (m)	путник (м)	pútnik

homossexual (m)	хомосексуалац (м)	homoseksuálac
hacker (m)	хакер (м)	háker
hippie	хипији (мн)	hípiji

bandido (m)	бандит (м)	bándit
assassino (m) a soldo	плаћени убица (м)	pláćeni úbica
toxicodependente (m)	наркоман (м)	nárkoman
traficante (m)	продавац (м) дроге	prodávac dróge
prostituta (f)	проститутка (ж)	próstitutka
chulo (m)	макро (м)	mákro

bruxo (m)	чаробњак (м)	čaróbnjak
bruxa (f)	чаробница (ж)	čárobnica
pirata (m)	гусар (м)	gúsar
escravo (m)	роб (м)	rob
samurai (m)	самурај (м)	samúraj
selvagem (m)	дивљак (м)	dívljak

103

Desportos

desportista (m)	спортиста (м)	sportísta
tipo (m) de desporto	врста (ж) спорта	vŕsta spórta
basquetebol (m)	кошарка (ж)	kóšarka
jogador (m) de basquetebol	кошаркаш (м)	košárkaš
beisebol (m)	бејзбол (м)	béjzbol
jogador (m) de beisebol	играч бејзбола (м)	ígrač béjzbola
futebol (m)	фудбал (м)	fúdbal
futebolista (m)	фудбалер (м)	fudbáler
guarda-redes (m)	голман (м)	gólman
hóquei (m)	хокеј (м)	hókej
jogador (m) de hóquei	хокејаш (м)	hokéjaš
voleibol (m)	одбојка (ж)	ódbojka
jogador (m) de voleibol	одбојкаш (м)	odbójkaš
boxe (m)	бокс (м)	boks
boxeador, pugilista (m)	боксер (м)	bókser
luta (f)	рвање (с), борба (ж)	rvánje, bórba
lutador (m)	рвач (м)	ŕvač
karaté (m)	карате (м)	karáte
karateca (m)	каратиста (м)	karátista
judo (m)	џудо (с)	džúdo
judoca (m)	џудиста (м)	džudísta
ténis (m)	тенис (м)	ténis
tenista (m)	тенисер (м)	téniser
natação (f)	пливање (с)	plívanje
nadador (m)	пливач (м)	plívač
esgrima (f)	мачевање (с)	mačévanje
esgrimista (m)	мачевалац (м)	mačévalac
xadrez (m)	шах (м)	šah
xadrezista (m)	шахиста (м)	šahísta
alpinismo (m)	планинарење (с)	planinárenje
alpinista (m)	планинар (м)	planínar
corrida (f)	трчање (с)	tŕčanje

corredor (m)	тркач (м)	tŕkač
atletismo (m)	лака атлетика (ж)	láka atlétika
atleta (m)	атлетичар (м)	atlétičar

| hipismo (m) | jaхање (c) | jáhanje |
| cavaleiro (m) | jaхач (м) | jáhač |

patinagem (f) artística	уметничко клизање (c)	umétničko klízanje
patinador (m)	Клизач (м)	Klízač
patinadora (f)	клизачица (ж)	klizáčica

halterofilismo (m)	дизање (c) тегова	dízanje tégova
halterofilista (m)	дизач (м) тегова	dízač tégova
corrida (f) de carros	аутомобилске трке (мн)	automóbilske tŕke
piloto (m)	возач (м)	vózač

| ciclismo (m) | бициклизам (м) | biciklízam |
| ciclista (m) | бициклиста (м) | bicíklista |

salto (m) em comprimento	скок (м) у даљ	skok u dalj
salto (m) à vara	скок (м) с мотком	skok s mótkom
atleta (m) de saltos	скакач (м)	skákač

114. Tipos de desportos. Diversos

futebol (m) americano	амерички фудбал (м)	amérički fúdbal
badminton (m)	бадминтон (м)	bádminton
biatlo (m)	биатлон (м)	bíatlon
bilhar (m)	билијар (м)	bilíjar

bobsled (m)	боб (м)	bob
musculação (f)	бодибилдинг (м)	bódibilding
polo (m) aquático	ватерполо (м)	váterpolo
andebol (m)	рукомет (м)	rúkomet
golfe (m)	голф (м)	golf

remo (m)	веслање (c)	véslanje
mergulho (m)	роњење (c)	rónjenje
corrida (f) de esqui	скијашко трчање (c)	skíjaško tŕčanje
ténis (m) de mesa	стони тенис (м)	stóni ténis

vela (f)	jедрење (c)	jédrenje
rali (m)	рели (м)	réli
râguebi (m)	рагби (м)	rágbi
snowboard (m)	сноуборд (м)	snóubord
tiro (m) com arco	стреличарство (c)	stréličarstvo

115. Ginásio

barra (f)	шипка (ж) за тегове	šípka za tégove
halteres (m pl)	бучице (мн)	búčice
aparelho (m) de musculaçao	справа (ж) за везбање	správa za vézbanje

bicicleta (f) ergométrica	собни бицикл (м)	sóbni bicíkl
passadeira (f) de corrida	тркачка стаза (ж)	tŕkačka stáza

barra (f) fixa	вратило (c)	vrátilo
barras (f) paralelas	разбој (м)	rázboj
cavalo (m)	коњ (м)	konj
tapete (m) de ginástica	струњача (ж)	strúnjača

corda (f) de saltar	вијача (ж), уже (c)	víjača, úže
aeróbica (f)	аеробик (м)	aeróbik
ioga (f)	јога (ж)	jóga

116. Desportos. Diversos

Jogos (m pl) Olímpicos	Олимпијске игре (мн)	Olímpijske ígre
vencedor (m)	победник (м)	póbednik
vencer (vi)	побеђивати (нг)	pobeđívati
vencer, ganhar (vi)	победити (нг), добити (пг)	pobédíti, dóbiti

líder (m)	лидер (м)	líder
liderar (vt)	бити у вођству	bíti u vóđstvu

primeiro lugar (m)	прво место (c)	pŕvo mésto
segundo lugar (m)	друго место (c)	drúgo mésto
terceiro lugar (m)	треће место (c)	tréće mésto

medalha (f)	медаља (ж)	médalja
troféu (m)	трофеј (м)	trófej
taça (f)	куп (м)	kup
prémio (m)	награда (ж)	nágrada
prémio (m) principal	главна награда (ж)	glávna nágrada

recorde (m)	рекорд (м)	rékord
estabelecer um recorde	поставити рекорд	póstaviti rékord

final (m)	финале (c)	finále
final	финални	fínalni

campeão (m)	шампион (м)	šampíon
campeonato (m)	првенство (c)	prvénstvo

estádio (m)	стадион (м)	stádion
bancadas (f pl)	трибина (ж)	tríbina
fã, adepto (m)	навијач (м)	navíjač
adversário (m)	противник (м)	prótivnik

partida (f)	старт (м)	start
chegada, meta (f)	циљ (м)	cilj

derrota (f)	пораз (м)	póraz
perder (vt)	изгубити (нг, пг)	izgúbiti

árbitro (m)	судија (м)	súdija
júri (m)	жири (м)	žíri

resultado (m)	резултат (м)	rezúltat
empate (m)	нерешена игра (ж)	neréšena ígra
empatar (vi)	одиграти нерешено	ódigrati nérešeno
ponto (m)	бод (м)	bod
resultado (m) final	резултат (м)	rezúltat

tempo, período (m)	период (м)	períod
intervalo (m)	одмор (м)	ódmor
doping (m)	допинг (м)	dóping
penalizar (vt)	кажњавати (пг)	kažnjávati
desqualificar (vt)	дисквалификовати (пг)	diskvalifikóvati

aparelho (m)	справа (ж)	správa
dardo (m)	копље (с)	kóplje
peso (m)	кугла (ж)	kúgla
bola (f)	кугла (ж)	kúgla

alvo, objetivo (m)	циљ (м)	cilj
alvo (~ de papel)	мета (ж)	méta
atirar, disparar (vi)	пуцати (нг)	púcati
preciso (tiro ~)	тачан	táčan

treinador (m)	тренер (м)	tréner
treinar (vt)	тренирати (пг)	trenírati
treinar-se (vr)	тренирати (нг)	trenírati
treino (m)	тренинг (м), вежбање (с)	tréning, véžbanje

ginásio (m)	теретана (ж)	teretána
exercício (m)	вежба (ж)	véžba
aquecimento (m)	загревање (с)	zágrevanje

Educação

escola (f)	школа (ж)	škóla
diretor (m) de escola	директор (м)	dírektor
aluno (m)	ученик (м)	účenik
aluna (f)	ученица (ж)	účenica
escolar (m)	школарац, ђак (м)	škólarac, đak
escolar (f)	школарка, ђак (ж)	škólarka, đak
ensinar (vt)	учити (пг)	účiti
aprender (vt)	учити (пг)	účiti
aprender de cor	учити напамет	účiti nápamet
estudar (vi)	учити (нг)	účiti
andar na escola	ходати у школу	hódati u školu
ir à escola	ићи у школу	íći u škólu
alfabeto (m)	азбука, абецеда (ж)	ázbuka, abecéda
disciplina (f)	предмет (м)	prédmet
sala (f) de aula	учионица (ж)	učiónica
lição (f)	час (м)	čas
recreio (m)	одмор (м)	ódmor
toque (m)	звоно (с)	zvóno
carteira (f)	клупа (ж)	klúpa
quadro (m) negro	школска табла (ж)	škólska tábla
nota (f)	оцена (ж)	ócena
boa nota (f)	добра оцена (ж)	dóbra ócena
nota (f) baixa	лоша оцена (ж)	lóša ócena
dar uma nota	давати оцену	dávati ócenu
erro (m)	грешка (ж)	gréška
fazer erros	правити грешке	práviti gréške
corrigir (vt)	исправљати (пг)	íspravljati
cábula (f)	пушкица (ж)	púškica
dever (m) de casa	домаћи задатак (м)	dómaći zadátak
exercício (m)	вежба (ж)	véžba
estar presente	присуствовати (нг)	prísustvovati
estar ausente	одсуствовати (нг)	ódsustvovati
faltar às aulas	пропуштати школу	propúštati škólu
punir (vt)	кажњавати (пг)	kažnjávati
punição (f)	казна (ж)	kázna
comportamento (m)	понашање (с)	ponášanje

boletim (m) escolar	ђачка књижица (ж)	đáčka knjížica
lápis (m)	оловка (ж)	ólovka
borracha (f)	гумица (ж)	gúmica
giz (m)	креда (ж)	kréda
estojo (m)	перница (ж)	pérnica

pasta (f) escolar	торба (ж)	tórba
caneta (f)	оловка (ж)	ólovka
caderno (m)	свеска (ж)	svéska
manual (m) escolar	уџбеник (м)	údžbenik
compasso (m)	шестар (м)	šéstar

| traçar (vt) | цртати (нг, пг) | cŕtati |
| desenho (m) técnico | цртеж (м) | cŕtež |

poesia (f)	песма (ж)	pésma
de cor	напамет	nápamet
aprender de cor	учити напамет	účiti nápamet

férias (f pl)	распуст (м)	ráspust
estar de férias	бити на распусту	bíti na ráspustu
passar as férias	провести распуст	próvesti ráspust

teste (m)	контролни рад (м)	kóntrolni rad
composição, redação (f)	састав (м)	sástav
ditado (m)	диктат (м)	díktat
exame (m)	испит (м)	íspit
fazer exame	полагати испит	polágati íspit
experiência (~ química)	експеримент (м)	eksperíment

118. Colégio. Universidade

academia (f)	академија (ж)	akadémija
universidade (f)	универзитет (м)	univerzitét
faculdade (f)	факултет (м)	fakúltet

estudante (m)	студент (м)	stúdent
estudante (f)	студенткиња (ж)	stúdentkinja
professor (m)	предавач (м)	predávač

| sala (f) de palestras | слушаоница (ж) | slušaónica |
| graduado (m) | дипломац (м) | diplómac |

| diploma (m) | диплома (ж) | diplóma |
| tese (f) | дисертација (ж) | disertácija |

| estudo (obra) | истраживање (с) | istraživanje |
| laboratório (m) | лабораторија (ж) | laboratórija |

| palestra (f) | предавање (с) | predávanje |
| colega (m) de curso | факултетски друг (м) | fakúltetski drug |

| bolsa (f) de estudos | стипендија (ж) | stipéndija |
| grau (m) académico | академски степен (м) | ákademski stépen |

119. Ciências. Disciplinas

matemática (f)	математика (ж)	matemátika
álgebra (f)	алгебра (ж)	álgebra
geometria (f)	геометрија (ж)	geométrija
astronomia (f)	астрономија (ж)	astronómija
biologia (f)	биологија (ж)	biológija
geografia (f)	географија (ж)	geográfija
geologia (f)	геологија (ж)	geológija
história (f)	историја (ж)	istórija
medicina (f)	медицина (ж)	medicína
pedagogia (f)	педагогија (ж)	pedagógija
direito (m)	право (с)	právo
física (f)	физика (ж)	fízika
química (f)	хемија (ж)	hémija
filosofia (f)	филозофија (ж)	filozófija
psicologia (f)	психологија (ж)	psihológija

120. Sistema de escrita. Ortografia

gramática (f)	граматика (ж)	gramátika
vocabulário (m)	лексикон (м)	léksikon
fonética (f)	фонетика (ж)	fonétika
substantivo (m)	именица (ж)	ímenica
adjetivo (m)	придев (м)	prídev
verbo (m)	глагол (м)	glágol
advérbio (m)	прилог (м)	prílog
pronome (m)	заменица (ж)	zámenica
interjeição (f)	узвик (м)	úzvik
preposição (f)	предлог (м)	prédlog
raiz (f) da palavra	корен (м) речи	kóren réči
terminação (f)	наставак (м)	nástavak
prefixo (m)	префикс (м)	préfiks
sílaba (f)	слог (м)	slog
sufixo (m)	суфикс (м)	súfiks
acento (m)	акцент (м)	ákcent
apóstrofo (m)	апостроф (м)	ápostrof
ponto (m)	тачка (ж)	táčka
vírgula (f)	зарез (м)	zárez
ponto e vírgula (m)	тачка (ж) и зарез	táčka i zárez
dois pontos (m pl)	две тачке (мн)	dve táčke
reticências (f pl)	три тачке (мн)	tri táčke
ponto (m) de interrogação	упитник (м)	úpitnik
ponto (m) de exclamação	ускличник, узвичник (м)	úskličnik, úzvičnik

aspas (f pl)	наводници (мн)	návodnici
entre aspas	под наводницима	pod návodnicima
parênteses (m pl)	заграда (ж)	zágrada
entre parênteses	у загради	u zágradi

hífen (m)	цртица (ж)	cŕtica
travessão (m)	повлака (ж)	póvlaka
espaço (m)	размак (м)	rázmak

letra (f)	слово (с)	slóvo
letra (f) maiúscula	велико слово (с)	véliko slóvo

vogal (f)	самогласник (м)	sámoglasnik
consoante (f)	сугласник (м)	súglasnik

frase (f)	реченица (ж)	rečénica
sujeito (m)	субјект (м)	súbjekt
predicado (m)	предикат (м)	prédikat

linha (f)	ред (м)	red
em uma nova linha	у новом реду	u nóvom rédu
parágrafo (m)	пасус (м)	pásus

palavra (f)	реч (ж)	reč
grupo (m) de palavras	група (ж) речи	grúpa réči
expressão (f)	израз (м)	ízraz
sinónimo (m)	синоним (м)	sinónim
antónimo (m)	антоним (м)	antónim

regra (f)	правило (с)	právilo
exceção (f)	изузетак (м)	izuzétak
correto	исправан	íspravan

conjugação (f)	коњугација (ж)	konjugácija
declinação (f)	деклинација (ж)	deklinácija
caso (m)	падеж (м)	pádež
pergunta (f)	питање (с)	pítanje
sublinhar (vt)	подвући (пг)	pódvući
linha (f) pontilhada	испрекидана линија (ж)	isprékidana línija

121. Línguas estrangeiras

língua (f)	језик (м)	jézik
estrangeiro	стран	stran
língua (f) estrangeira	страни језик (м)	stráni jézik
estudar (vt)	студирати (пг)	studírati
aprender (vt)	учити (пг)	účiti

ler (vt)	читати (нг, пг)	čítati
falar (vi)	говорити (нг)	govóriti
compreender (vt)	разумевати (пг)	razumévati
escrever (vt)	писати (пг)	písati
rapidamente	брзо	bŕzo
devagar	споро, полако	spóro, poláko

fluentemente	течно (мн)	téčno
regras (f pl)	правила (мн)	právila
gramática (f)	граматика (ж)	gramátika
vocabulário (m)	лексикон (м)	léksikon
fonética (f)	фонетика (ж)	fonétika

manual (m) escolar	уџбеник (м)	údžbenik
dicionário (m)	речник (м)	réčnik
manual (m) de autoaprendizagem	приручник (м)	príručnik
guia (m) de conversação	приручник (м) за конверзацију	príručnik za konverzáciju

cassete (f)	касета (ж)	kaséta
vídeo cassete (m)	видео касета (ж)	vídeo kaséta
CD (m)	ЦД диск (м)	CD disk
DVD (m)	ДВД (м)	DVD

alfabeto (m)	азбука, абецеда (ж)	ázbuka, abecéda
soletrar (vt)	спеловати (пг)	spélovati
pronúncia (f)	изговор (м)	ízgovor

sotaque (m)	нагласак (м)	náglasak
com sotaque	са нагласком	sa náglaskom
sem sotaque	без нагласка	bez náglaska

| palavra (f) | реч (ж) | reč |
| sentido (m) | смисао (м) | smísao |

cursos (m pl)	течај (м)	téčaj
inscrever-se (vr)	уписати се	upísati se
professor (m)	професор (м)	prófesor

tradução (processo)	превођење (с)	prevóđenje
tradução (texto)	превод (м)	prévod
tradutor (m)	преводилац (м)	prevódilac
intérprete (m)	преводилац (м)	prevódilac

| poliglota (m) | полиглота (м) | poliglóta |
| memória (f) | памћење (с) | pámćenje |

122. Personagens de contos de fadas

Pai (m) Natal	Деда Мраз (м)	Déda Mraz
Cinderela (f)	Пепељуга (ж)	Pepéljuga
sereia (f)	сирена (ж)	siréna
Neptuno (m)	Нептун (м)	Néptun

mago (m)	чаробњак (м)	čaróbnjak
fada (f)	чаробница (ж)	čárobnica
mágico	чаробан	čároban
varinha (f) mágica	чаробни штап (м)	čárobni štap
conto (m) de fadas	бајка (ж)	bájka
milagre (m)	чудо (с)	čúdo

| anão (m) | патуљак (м) | patúljak |
| transformar-se em ... | претворити се у ... | pretvóriti se u ... |

fantasma (m)	сабласт (ж)	sáblast
espetro (m)	дух (м)	duh
monstro (m)	чудовиште (с)	čúdovište
dragão (m)	змај (м)	zmaj
gigante (m)	див (м)	div

123. Signos do Zodíaco

Carneiro	Ован (м)	Óvan
Touro	Бик (м)	Bik
Gémeos	Близанци (мн)	Blizánci
Caranguejo	Рак (м)	Rak
Leão	Лав (м)	Lav
Virgem (f)	Девица (ж)	Dévica

Balança	Вага (ж)	Vága
Escorpião	Шкорпија (ж)	Škórpija
Sagitário	Стрелац (м)	Strélac
Capricórnio	Јарац (м)	Járac
Aquário	Водолија (м)	Vodólija
Peixes	Рибе (мн)	Ríbe

caráter (m)	карактер (м)	karákter
traços (m pl) do caráter	црте (мн) карактера	cŕte káraktera
comportamento (m)	понашање (с)	ponášanje
predizer (vt)	гатати (нг)	gátati
adivinha (f)	гатара (ж)	gátara
horóscopo (m)	хороскоп (м)	hóroskop

Artes

teatro (m)	позориште (c)	pózorište
ópera (f)	опера (ж)	ópera
opereta (f)	оперета (ж)	operéta
balé (m)	балет (м)	bálet

cartaz (m)	плакат (м)	plákat
companhia (f) teatral	трупа (ж)	trúpa
turné (digressão)	гостовање (c)	góstovanje
estar em turné	гостовати (нг)	gostóvati
ensaiar (vt)	пробати (нг)	próbati
ensaio (m)	проба (ж)	próba
repertório (m)	репертоар (м)	repertóar

apresentação (f)	представа (ж)	prédstava
espetáculo (m)	представа (ж)	prédstava
peça (f)	драма (ж)	dráma

bilhete (m)	улазница (ж)	úlaznica
bilheteira (f)	благајна (ж)	blágajna
hall (m)	фоаје (м)	foáje
guarda-roupa (m)	гардероба (ж)	garderóba
senha (f) numerada	број (м)	broj
binóculo (m)	двоглед (м)	dvógled
lanterninha (m)	разводник (м)	rázvodnik

plateia (f)	партер (м)	párter
balcão (m)	балкон (м)	bálkon
primeiro balcão (m)	прва галерија (ж)	pŕva galérija
camarote (m)	ложа (ж)	lóža
fila (f)	ред (м)	red
assento (m)	седиште (c)	sédište

público (m)	публика (ж)	públika
espetador (m)	гледалац (м)	glédalac
aplaudir (vt)	тапшати (нг)	tápšati
aplausos (m pl)	аплауз (м)	áplauz
ovação (f)	овација (ж)	ovácija

palco (m)	бина (ж)	bína
pano (m) de boca	завеса (ж)	závesa
cenário (m)	декорација (ж)	dekorácija
bastidores (m pl)	кулиса (ж)	kulísa

cena (f)	сцена (ж)	scéna
ato (m)	акт, чин (м)	akt, čin
entreato (m)	пауза (ж)	páuza

125. Cinema

ator (m)	глумац (м)	glúmac
atriz (f)	глумица (ж)	glúmica
cinema (m)	кино (с)	kino
filme (m)	филм (м)	film
episódio (m)	епизода (ж)	epizóda
filme (m) policial	детектив (м)	detéktiv
filme (m) de ação	акциони филм (м)	ákcioni film
filme (m) de aventuras	авантуристички филм (м)	avantúristički film
filme (m) de ficção científica	научнофантастични филм (м)	náučnofantástični film
filme (m) de terror	хорор филм (м)	hóror film
comédia (f)	комедија (ж)	kómedija
melodrama (m)	мелодрама (ж)	mélodrama
drama (m)	драма (ж)	dráma
filme (m) ficcional	играни филм (м)	ígrani fílm
documentário (m)	документарни филм (м)	dókumentarni film
desenho (m) animado	цртани филм (м)	cŕtani film
cinema (m) mudo	неми филм (м)	némi film
papel (m)	улога (ж)	úloga
papel (m) principal	главна улога (ж)	glávna úloga
representar (vt)	играти (пг)	ígrati
estrela (f) de cinema	филмска звезда (ж)	fílmska zvézda
conhecido	чувен	čúven
famoso	познат	póznat
popular	популаран	pópularan
argumento (m)	сценарио (м)	scenário
argumentista (m)	сценариста (м)	scenárista
realizador (m)	режисер (м)	režíser
produtor (m)	продуцент (м)	prodúcent
assistente (m)	асистент (м)	asístent
diretor (m) de fotografia	сниматељ (м)	snímatelj
duplo (m)	каскадер (м)	kaskáder
duplo (m) de corpo	двојник (м)	dvójnik
filmar (vt)	снимати филм	snímati film
audição (f)	аудиција (ж)	audícija
filmagem (f)	снимање (с)	snímanje
equipe (f) de filmagem	филмска екипа (ж)	fílmska ekípa
set (m) de filmagem	терен (м)	téren
câmara (f)	филмска камера (ж)	fílmska kámera
cinema (m)	биоскоп (м)	bíoskop
ecrã (m), tela (f)	екран (м)	ékran
exibir um filme	приказивати филм	prikazívati film
pista (f) sonora	звучни запис (м)	zvúčni zápis
efeitos (m pl) especiais	специјални ефекти (мн)	spécijalni efékti

legendas (f pl)	ТИТЛОВИ (мн)	títlovi
crédito (m)	имена (мн) глумаца	iména glúmaca
tradução (f)	превод (м)	prévod

126. Pintura

arte (f)	уметност (ж)	úmetnost
belas-artes (f pl)	ликовна уметност (ж)	líkovna úmetnost
galeria (f) de arte	уметничка галерија (ж)	umétnička gálerija
exposição (f) de arte	изложба (ж) слика	ízložba slíka

pintura (f)	сликарство (с)	slikárstvo
arte (f) gráfica	графика (ж)	gráfika
arte (f) abstrata	апстракционизам (м)	apstrakcionízam
impressionismo (m)	импресионизам (м)	impresionízam

pintura (f), quadro (m)	слика (ж)	slíka
desenho (m)	цртеж (м)	cŕtež
cartaz, póster (m)	постер (м)	póster

ilustração (f)	илустрација (ж)	ilustrácija
miniatura (f)	минијатура (ж)	minijatúra
cópia (f)	копија (ж)	kópija
reprodução (f)	репродукција (ж)	reprodúkcija

mosaico (m)	мозаик (м)	mozáik
vitral (m)	витраж (м)	vítraž
fresco (m)	фреска (ж)	fréska
gravura (f)	гравура (ж)	gravúra

busto (m)	попрсје (с)	póprsje
escultura (f)	скулптура (ж)	skulptúra
estátua (f)	кип (м)	kip
gesso (m)	гипс (м)	gips
em gesso	од гипса	od gípsa

retrato (m)	портрет (м)	pórtret
autorretrato (m)	аутопортрет (м)	autopórtret
paisagem (f)	пејзаж (м)	péjzaž
natureza (f) morta	мртва природа (ж)	mŕtva príroda
caricatura (f)	карикатура (ж)	karikatúra
esboço (m)	нацрт (м)	nacrt

tinta (f)	боја (ж)	bója
aguarela (f)	акварел (м)	akvárel
óleo (m)	уљана боја (ж)	úljana bója
lápis (m)	оловка (ж)	ólovka
tinta da China (f)	туш (м)	tuš
carvão (m)	угаљ (м)	úgalj

desenhar (vt)	цртати (нг, пг)	cŕtati
pintar (vt)	сликати (пг)	slíkati
posar (vi)	позирати (нг)	pozírati
modelo (m)	сликарски модел (м)	slíkarski módel

modelo (f)	сликарски модел (м)	slíkarski módel
pintor (m)	сликар (м)	slíkar
obra (f)	уметничко дело (c)	umétničko délo
obra-prima (f)	ремек-дело (c)	rémek-délo
estúdio (m)	радионица (ж)	radiónica

tela (f)	платно (м)	plátno
cavalete (m)	штафелај (м)	štafélaj
paleta (f)	палета (ж)	paléta

moldura (f)	оквир (м)	ókvir
restauração (f)	рестаурација (ж)	restaurácija
restaurar (vt)	рестаурирати (пг)	restaurírati

127. Literatura & Poesia

literatura (f)	књижевност (ж)	knjíževnost
autor (m)	аутор (м)	áutor
pseudónimo (m)	псеудоним (м)	pseudónim

livro (m)	књига (ж)	knjíga
volume (m)	том (м)	tom
índice (m)	садржај (м)	sádržaj
página (f)	страна (ж)	strána
protagonista (m)	главни јунак (м)	glávni júnak
autógrafo (m)	аутограм (м)	autógram

conto (m)	кратка прича (ж)	krátka príča
novela (f)	прича (ж)	príča
romance (m)	роман (м)	róman
obra (f)	дело (c)	délo
fábula (m)	басна (ж)	básna
romance (m) policial	детектив (м)	detéktiv

poesia (obra)	песма (ж)	pésma
poesia (arte)	поезија (ж)	póezija
poema (m)	поема (ж)	póema
poeta (m)	песник (м)	pésnik

ficção (f)	белетристика (ж)	beletrístika
aventuras (f pl)	доживљаји (мн)	dóživljaji
literatura (f) didática	образовна литература (ж)	óbrazovna literatúra
literatura (f) infantil	книжевност (ж) за децу	kniževnost za décu

128. Circo

circo (m)	циркус (м)	církus
circo (m) ambulante	путујући циркус (м)	pútujući církus
programa (m)	програм (м)	prógram
apresentação (f)	представа (ж)	prédstava
número (m)	тачка (ж)	táčka
arena (f)	арена (ж)	aréna

pantomima (f)	пантомима (ж)	pantomíma
palhaço (m)	кловн (м)	klovn

acrobata (m)	акробата (м)	akróbata
acrobacia (f)	акробатика (ж)	akrobátika
ginasta (m)	гимнастичар (м)	gimnástičar
ginástica (f)	гимнастика (ж)	gimnástika
salto (m) mortal	салто (м)	sálto

homem forte (m)	атлета (м)	atleta
domador (m)	укротитељ (м)	ukrótitelj
cavaleiro (m) equilibrista	јахач (м)	jáhač
assistente (m)	асистент (м)	asístent

truque (m)	трик (м)	trik
truque (m) de mágica	трик (м)	trik
mágico (m)	мађионичар (м)	mađióničar

malabarista (m)	жонглер (м)	žóngler
fazer malabarismos	жонглирати (нг)	žonglírati
domador (m)	дресер (м)	dréser
adestramento (m)	дресура (ж)	dresúra
adestrar (vt)	дресирати (пг)	dresírati

129. Música. Música popular

música (f)	музика (ж)	múzika
músico (m)	музичар (м)	múzičar
instrumento (m) musical	музички инструмент (м)	múzički instrúment
tocar ...	свирати ...	svírati ...

guitarra (f)	гитара (ж)	gitára
violino (m)	виолина (ж)	violína
violoncelo (m)	виолончело (с)	violónčelo
contrabaixo (m)	контрабас (м)	kóntrabas
harpa (f)	харфа (ж)	hárfa

piano (m)	клавир (м)	klávir
piano (m) de cauda	велики клавир (м)	véliki klávir
órgão (m)	оргуље (мн)	órgulje

instrumentos (m pl) de sopro	дувачки инструменти (мн)	dúvački instruménti
oboé (m)	обоа (ж)	obóa
saxofone (m)	саксофон (м)	sáksofon
clarinete (m)	кларинет (м)	klarínet
flauta (f)	флаута (ж)	fláuta
trompete (m)	труба (ж)	trúba

acordeão (m)	хармоника (ж)	harmónika
tambor (m)	бубањ (м)	búbanj

duo, dueto (m)	дует (м)	dúet
trio (m)	трио (м)	trío
quarteto (m)	квартет (м)	kvártet

| coro (m) | хор (м) | hor |
| orquestra (f) | оркестар (м) | órkestar |

música (f) pop	поп музика (ж)	pop múzika
música (f) rock	рок музика (ж)	rok múzika
grupo (m) de rock	рок група (ж)	rok grúpa
jazz (m)	џез (м)	džez

| ídolo (m) | идол (м) | ídol |
| fã, admirador (m) | поштовалац (м) | poštóvalac |

concerto (m)	концерт (м)	kóncert
sinfonia (f)	симфонија (ж)	símfonija
composição (f)	дело (с)	délo
compor (vt)	компоновати (пг)	komponóvati

canto (m)	певање (с)	pévanje
canção (f)	песма (ж)	pésma
melodia (f)	мелодија (ж)	mélodija
ritmo (m)	ритам (м)	rítam
blues (m)	блуз (м)	blúz

notas (f pl)	ноте (мн)	nóte
batuta (f)	палица (ж)	pálica
arco (m)	гудало (с)	gúdalo
corda (f)	жица (ж)	žíca
estojo (m)	футрола (ж)	futróla

Descanso. Entretenimento. Viagens

130. Viagens

turismo (m)	туризам (м)	turízam
turista (m)	туриста (м)	turísta
viagem (f)	путовање (с)	putovánje
aventura (f)	авантура (ж)	avantúra
viagem (f)	путовање (с)	putovánje
férias (f pl)	одмор (м)	ódmor
estar de férias	бити на годишњем одмору	bíti na gódišnjem ódmoru
descanso (m)	одмор (м)	ódmor
comboio (m)	воз (м)	voz
de comboio (chegar ~)	возом	vózom
avião (m)	авион (м)	avíon
de avião	авионом	avíonom
de carro	колима, аутом	kólima, áutom
de navio	бродом	bródom
bagagem (f)	пртљаг (м)	pŕtljag
mala (f)	кофер (м)	kófer
carrinho (m)	колица (мн) за пртљаг	kolíca za pŕtljag
passaporte (m)	пасош (м)	pásoš
visto (m)	виза (ж)	víza
bilhete (m)	карта (ж)	kárta
bilhete (m) de avião	авионска карта (ж)	avíonska kárta
guia (m) de viagem	водич (м)	vódič
mapa (m)	мапа (ж)	mápa
local (m), area (f)	подручје (с)	pódručje
lugar, sítio (m)	место (с)	mésto
exotismo (m)	егзотика (ж)	egzótika
exótico	егзотичан	egzótičan
surpreendente	диван	dívan
grupo (m)	група (ж)	grúpa
excursão (f)	екскурзија (ж)	ekskúrzija
guia (m)	водич (м)	vódič

131. Hotel

hotel (m)	хотел (м)	hótel
motel (m)	мотел (м)	mótel

três estrelas	три звездице	tri zvézdice
cinco estrelas	пет звездица	pet zvézdica
ficar (~ num hotel)	одсести (нг)	ódsesti

quarto (m)	соба (ж)	sóba
quarto (m) individual	једнокреветна соба (ж)	jédnokrevetna sóba
quarto (m) duplo	двокреветна соба (ж)	dvókrevetna sóba
reservar um quarto	резервисати собу	rezervísati sóbu

| meia pensão (f) | полупансион (м) | polupansíon |
| pensão (f) completa | пун пансион (м) | pun pansíon |

com banheira	са кадом	sa kádom
com duche	са тушем	sa túšem
televisão (m) satélite	сателитска телевизија (ж)	satelítska televízija
ar (m) condicionado	клима (ж)	klíma
toalha (f)	пешкир (м)	péškir
chave (f)	кључ (м)	ključ

administrador (m)	администратор (м)	administrátor
camareira (f)	собарица (ж)	sóbarica
bagageiro (m)	носач (м)	nósač
porteiro (m)	вратар (м)	vrátar

restaurante (m)	ресторан (м)	restóran
bar (m)	бар (м)	bar
pequeno-almoço (m)	доручак (м)	dóručak
jantar (m)	вечера (ж)	véčera
buffet (m)	шведски сто (м)	švédski sto

| hall (m) de entrada | фоаје (м) | foáje |
| elevador (m) | лифт (м) | lift |

| NÃO PERTURBE | НЕ УЗНЕМИРАВАТИ | NE UZNEMIRAVATI |
| PROIBIDO FUMAR! | ЗАБРАЊЕНО ПУШЕЊЕ | ZABRANJENO PUŠENJE |

132. Livros. Leitura

livro (m)	књига (ж)	knjíga
autor (m)	аутор (м)	áutor
escritor (m)	писац (м)	písac
escrever (vt)	написати (пг)	napísati

leitor (m)	читалац (м)	čítalac
ler (vt)	читати (нг, пг)	čítati
leitura (f)	читање (с)	čítanje

| para si | у себи | u sébi |
| em voz alta | наглас | náglas |

publicar (vt)	издавати (пг)	izdávati
publicação (f)	издање (с)	izdánje
editor (m)	издавач (м)	izdávač
editora (f)	издавачка кућа (ж)	izdávačka kúća

sair (vi)	изаћи (нг)	ízaći
lançamento (m)	излазак (м)	ízlazak
tiragem (f)	тираж (м)	tíraž
livraria (f)	књижара (ж)	knjížara
biblioteca (f)	библиотека (ж)	bibliotéka
novela (f)	прича (ж)	príča
conto (m)	кратка прича (ж)	krátka príča
romance (m)	роман (м)	róman
romance (m) policial	детектив (м)	detéktiv
memórias (f pl)	мемоари (мн)	memoári
lenda (f)	легенда (ж)	légenda
mito (m)	мит (м)	mit
poesia (f)	песме (мн)	pésme
autobiografia (f)	аутобиографија (ж)	autobiográfija
obras (f pl) escolhidas	изабрана дела (мн)	ízabrana déla
ficção (f) científica	научна фантастика (ж)	náučna fantástika
título (m)	назив (м)	náziv
introdução (f)	увод (м)	úvod
folha (f) de rosto	насловна страна (ж)	náslovna strána
capítulo (m)	поглавље (с)	póglavlje
excerto (m)	одломак (м)	ódlomak
episódio (m)	епизода (ж)	epizóda
tema (m)	сиже (м)	síže
conteúdo (m)	садржина (ж)	sádržina
índice (m)	садржај (м)	sádržaj
protagonista (m)	главни јунак (м)	glávni júnak
tomo, volume (m)	том (м)	tom
capa (f)	корица (ж)	kórica
encadernação (f)	корице (мн)	kórice
marcador (m) de livro	ознака (ж)	óznaka
página (f)	страна (ж)	strána
folhear (vt)	листати (нг)	lístati
margem (f)	маргине (мн)	márgine
anotação (f)	забелешка (ж)	zábeleška
nota (f) de rodapé	фуснота (ж)	fúsnota
texto (m)	текст (м)	tekst
fonte (f)	фонт (м)	font
gralha (f)	штампарска грешка (ж)	štámparska gréška
tradução (f)	превод (м)	prévod
traduzir (vt)	преводити (нг)	prevóditi
original (m)	оригинал (м)	oríginal
famoso	познат	póznat
desconhecido	непознат	népoznat
interessante	интересантан	interesántan

best-seller (m)	бестселер (м)	bestséler
dicionário (m)	речник (м)	réčnik
manual (m) escolar	уџбеник (м)	údžbenik
enciclopédia (f)	енциклопедија (ж)	enciklopédija

133. Caça. Pesca

caça (f)	лов (м)	lov
caçar (vi)	ловити (пг)	lóviti
caçador (m)	ловац (м)	lóvac

atirar (vi)	пуцати (нг)	púcati
caçadeira (f)	пушка (ж)	púška
cartucho (m)	метак (м)	métak
chumbo (m) de caça	сачма (ж)	sáčma

armadilha (f)	замка (ж)	zámka
armadilha (com corda)	клопка (ж)	klópka
cair na armadilha	упасти у замку	úpasti u zámku
pôr a armadilha	поставити замку	póstaviti zámku

caçador (m) furtivo	ловокрадица (м)	lovokrádica
caça (f)	дивљач (ж)	dívljač
cão (m) de caça	ловачки пас (м)	lóvački pas
safári (m)	сафари (м)	safári
animal (m) empalhado	препарирана животиња (ж)	preparírana živótinja

pescador (m)	риболовац, пецарош (м)	ríbolovac, pécaroš
pesca (f)	пецање (с), риболов (м)	pecanje, ríbolov
pescar (vt)	пецати (нг)	pécati

cana (f) de pesca	пецаљка (ж)	pécaljka
linha (f) de pesca	струна (ж)	strúna
anzol (m)	удица (ж)	údica
boia (f)	пловак (м)	plóvak
isca (f)	мамац (м)	mámac

| lançar a linha | бацити удицу | báciti údicu |
| morder (vt) | гристи (нг) | grísti |

| pesca (f) | улов (м) | úlov |
| buraco (m) no gelo | рупа (ж) у леду | rúpa u lédu |

| rede (f) | мрежа (ж) | mréža |
| barco (m) | чамац (м) | čámac |

pescar com rede	ловити мрежом	lóviti mréžom
lançar a rede	бацати мрежу	bácati mréžu
puxar a rede	извлачити мрежу	izvláčiti mréžu
cair nas malhas	упасти у мрежу	úpasti u mréžu

baleeiro (m)	китоловац (м)	kitolóvac
baleeira (f)	китоловац (м)	kitolóvac
arpão (m)	харпун (м)	hárpun

134. Jogos. Bilhar

bilhar (m)	билијар (м)	bilíjar
sala (f) de bilhar	билијарска сала (ж)	bilíjarska sála
bola (f) de bilhar	билијарска кугла (ж)	bilíjarska kugla
embolsar uma bola	убацити (пг) куглу	úbaciti kúglu
taco (m)	так (м)	tak
caçapa (f)	рупа (ж)	rúpa

135. Jogos. Jogar cartas

ouros (m pl)	каро (м)	káro
espadas (f pl)	пик (м)	pik
copas (f pl)	херц (м)	herc
paus (m pl)	треф (м)	tref
ás (m)	кец (м)	kec
rei (m)	краљ (м)	kralj
dama (f)	дама (ж)	dáma
valete (m)	жандар (м)	žándar
carta (f) de jogar	карта (ж) за играње	kárta za ígranje
cartas (f pl)	карте (мн)	kárte
trunfo (m)	адут (м)	ádut
baralho (m)	шпил (м)	špil
ponto (m)	бод (м)	bod
dar, distribuir (vt)	делити (пг)	déliti
embaralhar (vt)	мешати (пг)	méšati
vez, jogada (f)	потез (м)	pótez
batoteiro (m)	варалица (ж)	váralica

136. Descanso. Jogos. Diversos

passear (vi)	шетати се	šétati se
passeio (m)	шетња (ж)	šétnja
viagem (f) de carro	излет (м)	ízlet
aventura (f)	авантура (ж)	avantúra
piquenique (m)	пикник (м)	píknik
jogo (m)	игра (ж)	ígra
jogador (m)	играч (м)	ígrač
partida (f)	партија (ж)	pártija
colecionador (m)	колекционар (м)	kolékcionar
colecionar (vt)	колектирати (пг)	kolektírati
coleção (f)	колекција (ж)	kolékcija
palavras (f pl) cruzadas	укрштеница (ж)	úkrštenica
hipódromo (m)	хиподром (м)	hípodrom

discoteca (f)	дискотека (ж)	diskotéka
sauna (f)	сауна (ж)	sáuna
lotaria (f)	лутрија (ж)	lútrija

campismo (m)	камповање (с)	kampovanje
acampamento (m)	камп (м)	kamp
tenda (f)	шатор (м)	šátor
bússola (f)	компас (м)	kómpas
campista (m)	кампер (м)	kámper

ver (vt), assistir à ...	гледати (пг)	glédati
telespectador (m)	гледалац (м)	glédalac
programa (m) de TV	телевизијска емисија (ж)	televízijska emísija

137. Fotografia

| máquina (f) fotográfica | фотоапарат (м) | fotoapárat |
| foto, fotografia (f) | фотографија (ж) | fotográfija |

fotógrafo (m)	фотограф (м)	fotógraf
estúdio (m) fotográfico	фото студио (м)	fóto stúdio
álbum (m) de fotografias	фото албум (м)	fóto álbum

objetiva (f)	објектив (м)	óbjektiv
teleobjetiva (f)	телеобјектив (м)	teleobjéktiv
filtro (m)	филтар (м)	fíltar
lente (f)	сочиво (с)	sóčivo

ótica (f)	оптика (ж)	óptika
abertura (f)	дијафрагма (ж)	dijafrágma
exposição (f)	експозиција (ж)	ekspozícija
visor (m)	тражило (с)	trážilo

câmara (f) digital	дигитална камера (ж)	dígitalna kámera
tripé (m)	троножац (м)	trónožac
flash (m)	блиц (м)	blic

fotografar (vt)	сликати (пг)	slíkati
tirar fotos	сликати (пг)	slíkati
fotografar-se	сликати се	slíkati se

foco (m)	фокус (м)	fókus
focar (vt)	фокусирати (пг)	fokusírati
nítido	оштар	óštar
nitidez (f)	оштрина (ж)	oštrína

| contraste (m) | контраст (м) | kóntrast |
| contrastante | контрастан | kóntrastan |

retrato (m)	слика (ж)	slíka
negativo (m)	негатив (м)	négativ
filme (m)	филм (м)	film
fotograma (m)	кадар (м)	kádar
imprimir (vt)	штампати (пг)	štámpati

138. Praia. Natação

praia (f)	плажа (ж)	pláža
areia (f)	песак (м)	pésak
deserto	пуст	pust

bronzeado (m)	препланулост (ж)	preplánulost
bronzear-se (vr)	сунчати се	súnčati se
bronzeado	препplanuо	preplánuo
protetor (m) solar	крема (ж) за сунчање	kréma za súnčanje

biquíni (m)	бикини (м)	bikíni
fato (m) de banho	купаћи костим (м)	kúpaći kóstim
calção (m) de banho	купаће гаће (мн)	kúpaće gáće

piscina (f)	базен (м)	bázen
nadar (vi)	пливати (нг)	plívati
duche (m)	туш (м)	tuš
mudar de roupa	пресвлачити се	presvláčiti se
toalha (f)	пешкир (м)	péškir

barco (m)	чамац (м)	čámac
lancha (f)	моторни брод (м)	mótorni brod
esqui (m) aquático	водене скије (мн)	vódene skije
barco (m) de pedais	педалина (ж)	pedalína
surf (m)	сурфовање (с)	súrfovanje
surfista (m)	сурфер (м)	súrfer

equipamento (m) de mergulho	ронилачка опрема (ж)	rónilačka óprema
barbatanas (f pl)	пераја (мн)	péraja
máscara (f)	маска (ж)	máska
mergulhador (m)	ронилац (м)	rónilac
mergulhar (vi)	ронити (нг)	róniti
debaixo d'água	под водом	pod vódom

guarda-sol (m)	сунцобран (м)	súncobran
espreguiçadeira (f)	лежаљка (ж)	léžaljka
óculos (m pl) de sol	наочаре (мн)	náočare
colchão (m) de ar	душек (м) за пливање	dúšek za plívanje

| brincar (vi) | играти се | ígrati se |
| ir nadar | купати се | kúpati se |

bola (f) de praia	лопта (ж)	lópta
encher (vt)	пумпати (пг)	púmpati
inflável, de ar	на надувавање	na naduvavanje

onda (f)	талас (м)	tálas
boia (f)	бова (ж)	bóva
afogar-se (pessoa)	давити се	dáviti se

salvar (vt)	спасавати (пг)	spasávati
colete (m) salva-vidas	прслук (м) за спасавање	pŕsluk za spásavanje
observar (vt)	посматрати (нг)	posmátrati
nadador-salvador (m)	спасилац (м)	spásilac

EQUIPAMENTO TÉCNICO. TRANSPORTES

Equipamento técnico. Transportes

139. Computador

computador (m)	рачунар (м)	račúnar
portátil (m)	лаптоп (м)	láptop
ligar (vt)	укључити (пг)	ukljúčiti
desligar (vt)	искључити (пг)	iskljúčiti
teclado (m)	тастатура (ж)	tastatúra
tecla (f)	тастер (м)	táster
rato (m)	миш (ж)	miš
tapete (m) de rato	подлога (ж) за миша	pódloga za miša
botão (m)	дугме (с)	dúgme
cursor (m)	курсор (м)	kúrsor
monitor (m)	монитор (м)	mónitor
ecrã (m)	екран (м)	ékran
disco (m) rígido	хард диск (м)	hard disk
capacidade (f) do disco rígido	капацитет (м) хард диска	kapacítet hard díska
memória (f)	меморија (ж)	mémorija
memória RAM (f)	РАМ меморија (ж)	RAM mémorija
ficheiro (m)	фајл (м)	fajl
pasta (f)	фолдер (м)	fólder
abrir (vt)	отворити (пг)	ótvoriti
fechar (vt)	затворити (пг)	zatvóriti
guardar (vt)	снимити, сачувати (пг)	snímiti, sačúvati
apagar, eliminar (vt)	избрисати (пг)	ízbrisati
copiar (vt)	копирати (пг)	kopírati
ordenar (vt)	сортирати (пг)	sortírati
copiar (vt)	пребацити (пг)	prebáciti
programa (m)	програм (м)	prógram
software (m)	софтвер (м)	sóftver
programador (m)	програмер (м)	prográmer
programar (vt)	програмирати (пг)	programírati
hacker (m)	хакер (м)	háker
senha (f)	лозинка (ж)	lózinka
vírus (m)	вирус (м)	vírus
detetar (vt)	пронаћи (пг)	prónaći
byte (m)	бајт (м)	bajt

megabyte (m)	мегабајт (м)	mégabajt
dados (m pl)	подаци (мн)	pódaci
base (f) de dados	база (ж) података	báza pódataka

cabo (m)	кабл (м)	kabl
desconectar (vt)	искључити (пг)	isključiti
conetar (vt)	спојити (пг)	spójiti

140. Internet. E-mail

internet (f)	интернет (м)	ínternet
browser (m)	прегледач (м)	prégledač
motor (m) de busca	претраживач (м)	pretražívač
provedor (m)	провајдер (м)	provájder

webmaster (m)	вебмастер (м)	vebmáster
website, sítio web (m)	веб-сајт (м)	veb-sajt
página (f) web	веб-страница (ж)	veb-stránica

endereço (m)	адреса (ж)	adrésa
livro (m) de endereços	адресар (м)	adrésar

caixa (f) de correio	поштанско сандуче (с)	póštansko sánduče
correio (m)	пошта (ж)	póšta
cheia (caixa de correio)	пун	pun

mensagem (f)	порука (ж)	póruka
mensagens (f pl) recebidas	долазне поруке (мн)	dólazne póruke
mensagens (f pl) enviadas	одлазне поруке (мн)	ódlazne póruke
remetente (m)	пошиљалац (м)	póšiljalac
enviar (vt)	послати (пг)	póslati
envio (m)	слање (с)	slánje
destinatário (m)	прималац (м)	prímalac
receber (vt)	примити (пг)	prímiti

correspondência (f)	дописивање (с)	dopisívanje
corresponder-se (vr)	водити преписку	vóditi prépisku

ficheiro (m)	фајл (м)	fajl
fazer download, baixar	преузети (пг)	preúzeti
criar (vt)	створити (пг)	stvóriti
apagar, eliminar (vt)	избрисати (пг)	ízbrisati
eliminado	избрисан	ízbrisan

conexão (f)	веза (ж)	véza
velocidade (f)	брзина (ж)	brzína
modem (m)	модем (м)	módem
acesso (m)	приступ (м)	prístup
porta (f)	порт (м)	port

conexão (f)	повезивање (с)	povezívanje
conetar (vi)	повезати се	povézati se
escolher (vt)	изабрати (пг)	izábrati
buscar (vt)	тражити (пг)	trážiti

Transportes

avião (m)	авион (м)	avíon
bilhete (m) de avião	авионска карта (ж)	aviónska kárta
companhia (f) aérea	авио-компанија (ж)	ávio-kompánija
aeroporto (m)	аеродром (м)	aeródrom
supersónico	суперсоничан	supersóničan
comandante (m) do avião	капетан (м) авиона	kapétan avíona
tripulação (f)	посада (ж)	pósada
piloto (m)	пилот (м)	pílot
hospedeira (f) de bordo	стјуардеса (ж)	stjuardésa
copiloto (m)	навигатор (м)	navígator
asas (f pl)	крила (мн)	kríla
cauda (f)	реп (м)	rep
cabine (f) de pilotagem	кабина (ж)	kabína
motor (m)	мотор (м)	mótor
trem (m) de aterragem	шасија (ж)	šásija
turbina (f)	турбина (ж)	turbína
hélice (f)	пропелер (м)	propéler
caixa-preta (f)	црна кутија (ж)	cŕna kútija
coluna (f) de controlo	управљач (м)	uprávljač
combustível (m)	гориво (м)	górivo
instruções (f pl) de segurança	упутство (с) за ванредне ситуације	úputstvo za vanredne situácije
máscara (f) de oxigénio	маска (ж) за кисеоник	máska za kiseónik
uniforme (m)	униформа (ж)	úniforma
colete (m) salva-vidas	прслук (м) за спасавање	pŕsluk za spásavanje
paraquedas (m)	падобран (м)	pádobran
descolagem (f)	полетање, узлетање (с)	polétanje, uzlétanje
descolar (vi)	полетати (нг)	polétati
pista (f) de descolagem	писта (ж)	písta
visibilidade (f)	видљивост (ж)	vídljivost
voo (m)	лет (м)	let
altura (f)	висина (ж)	visína
poço (m) de ar	ваздушни џеп (м)	vázdušni džep
assento (m)	седиште (с)	sédište
auscultadores (m pl)	слушалице (мн)	slúšalice
mesa (f) rebatível	сточић (м) на расклапање	stóčić na rasklápanje
vigia (f)	прозор (м)	prózor
passagem (f)	пролаз (м)	prólaz

142. Comboio

comboio (m)	воз (м)	voz
comboio (m) suburbano	електрични воз (м)	eléktrični voz
comboio (m) rápido	брзи воз (м)	bŕzi voz
locomotiva (f) diesel	дизел локомотива (ж)	dízel lokomotíva
locomotiva (f) a vapor	парна локомотива (ж)	párna lokomotíva
carruagem (f)	вагон (м)	vágon
carruagem restaurante (f)	вагон ресторан (м)	vágon restóran
carris (m pl)	шине (мн)	šíne
caminho de ferro (m)	железница (ж)	žéleznica
travessa (f)	праг (м)	prag
plataforma (f)	перон (м)	péron
linha (f)	колосек (м)	kólosek
semáforo (m)	семафор (м)	sémafor
estação (f)	станица (ж)	stánica
maquinista (m)	машиновођа (м)	mašinóvođa
bagageiro (m)	носач (м)	nósač
hospedeiro, -a (da carruagem)	послужитељ (м) у возу	poslúžitelj u vózu
passageiro (m)	путник (м)	pútnik
revisor (m)	контролер (м)	kontróler
corredor (m)	ходник (м)	hódnik
freio (m) de emergência	кочница (ж)	kóčnica
compartimento (m)	купе (м)	kúpe
cama (f)	лежај (м)	léžaj
cama (f) de cima	горњи лежај (м)	górnji léžaj
cama (f) de baixo	доњи лежај (м)	dónji léžaj
roupa (f) de cama	постељина (ж)	posteljína
bilhete (m)	карта (ж)	kárta
horário (m)	ред (м) вожње	red vóžnje
painel (m) de informação	табла (ж)	tábla
partir (vt)	одлазити (нг)	ódlaziti
partida (f)	полазак (м)	pólazak
chegar (vi)	долазити (нг)	dólaziti
chegada (f)	долазак (м)	dólazak
chegar de comboio	доћи возом	dóći vózom
apanhar o comboio	сести у воз	sésti u voz
sair do comboio	сићи с воза	síći s vóza
acidente (m) ferroviário	железничка несрећа (ж)	žéleznička nésreća
descarrilar (vi)	исклизнути из шина	ískliznuti iz šína
locomotiva (f) a vapor	парна локомотива (ж)	párna lokomotíva
fogueiro (m)	ложач (м)	lóžač
fornalha (f)	ложиште (с)	lóžište
carvão (m)	угаљ (м)	úgalj

143. Barco

navio (m)	брод (м)	brod
embarcação (f)	брод (м)	brod
vapor (m)	пароброд (м)	párobrod
navio (m)	речни брод (м)	réčni brod
transatlântico (m)	прекоокеански брод (м)	prekookéanski brod
cruzador (m)	крстарица (ж)	krstárica
iate (m)	јахта (ж)	jáhta
rebocador (m)	тегљач (м)	tégljač
barcaça (f)	шлеп (м)	šlép
ferry (m)	трајект (м)	trájekt
veleiro (m)	једрењак (м)	jedrénjak
bergantim (m)	бригантина (ж)	brigantína
quebra-gelo (m)	ледоломац (м)	ledolómac
submarino (m)	подморница (ж)	pódmornica
bote, barco (m)	чамац (м)	čámac
bote, dingue (m)	чамац (м)	čámac
bote (m) salva-vidas	чамац (м) за спасавање	čámac za spásavanje
lancha (f)	моторни брод (м)	mótorni brod
capitão (m)	капетан (м)	kapétan
marinheiro (m)	морнар (м)	mórnar
marujo (m)	поморац, морнар (м)	pómorac, mórnar
tripulação (f)	посада (ж)	pósada
contramestre (m)	вођа (м) палубе	vóđa pálube
grumete (m)	бродски момак (м)	bródski mómak
cozinheiro (m) de bordo	кувар (м)	kúvar
médico (m) de bordo	бродски лекар (м)	bródski lékar
convés (m)	палуба (ж)	páluba
mastro (m)	јарбол (м)	járbol
vela (f)	једро (с)	jédro
porão (m)	потпалубље (с)	pótpalublje
proa (f)	прамац (м)	prámac
popa (f)	крма (ж)	kŕma
remo (m)	весло (с)	véslo
hélice (f)	бродски пропелер (м)	bródski propéler
camarote (m)	кабина (ж)	kabína
sala (f) dos oficiais	официрска менза (ж)	ofícirska ménza
sala (f) das máquinas	стројарница (ж)	strójarnica
ponte (m) de comando	капетански мост (м)	kapétanski most
sala (f) de comunicações	радио кабина (ж)	rádio kabína
onda (f) de rádio	талас (м)	tálas
diário (m) de bordo	бродски дневник (м)	bródski dnévnik
luneta (f)	дурбин (м)	dúrbin
sino (m)	звоно (с)	zvóno

bandeira (f)	застава (ж)	zástava
cabo (m)	конопац (м)	kónopac
nó (m)	чвор (м)	čvor
corrimão (m)	рукохват (м)	rúkohvat
prancha (f) de embarque	рампа (ж)	rámpa
âncora (f)	сидро (с)	sídro
recolher a âncora	дићи сидро	díći sídro
lançar a âncora	спустити сидро	spústiti sídro
amarra (f)	сидрени ланац (м)	sídreni lánac
porto (m)	лука (ж)	lúka
cais, amarradouro (m)	пристаниште (с)	prístanište
atracar (vi)	пристајати (нг)	prístajati
desatracar (vi)	отпловити (нг)	otplóviti
viagem (f)	путовање (с)	putovánje
cruzeiro (m)	крстарење (с)	krstárenje
rumo (m), rota (f)	правац, курс (м)	právac, kurs
itinerário (m)	маршрута (ж)	maršrúta
canal (m) navegável	пловни пут (м)	plóvni put
banco (m) de areia	плићак (м)	plíćak
encalhar (vt)	насукати се	násukati se
tempestade (f)	олуја (ж)	olúja
sinal (m)	сигнал (м)	sígnal
afundar-se (vr)	тонути (нг)	tónuti
Homem ao mar!	Човек у мору!	Čóvek u móru!
SOS	СОС	SOS
boia (f) salva-vidas	појас (м) за спасавање	pójas za spasávanje

144. Aeroporto

aeroporto (m)	аеродром (м)	aeródrom
avião (m)	авион (м)	avíon
companhia (f) aérea	авио-компанија (ж)	ávio-kompánija
controlador (m) de tráfego aéreo	контролор (м) лета	kontrólor léta
partida (f)	полазак (м)	pólazak
chegada (f)	долазак (м)	dólazak
chegar (~ de avião)	долетети (нг)	doléteti
hora (f) de partida	време (с) поласка	vréme pólaska
hora (f) de chegada	време (с) доласка	vréme dólaska
estar atrasado	каснити (нг)	kásniti
atraso (m) de voo	кашњење (с) лета	kášnjenje léta
painel (m) de informação	информативна табла (ж)	ínformativna tábla
informação (f)	информација (ж)	informácija
anunciar (vt)	објављивати (нг)	objavljívati

voo (m)	лет (м)	let
alfândega (f)	царина (ж)	cárina
funcionário (m) da alfândega	цариник (м)	cárinik

declaração (f) alfandegária	царинска декларација (ж)	cárinska deklarácija
preencher (vt)	попунити (nr)	pópuniti
preencher a declaração	попунити декларацију	pópuniti deklaráciju
controlo (m) de passaportes	пасошка контрола (ж)	pásoška kontróla

bagagem (f)	пртљаг (м)	pŕtljag
bagagem (f) de mão	ручни пртљаг (м)	rúčni pŕtljag
carrinho (m)	колица (мн) за пртљаг	kolíca za pŕtljag

aterragem (f)	слетање (с)	slétanje
pista (f) de aterragem	писта (ж) за слетање	písta za slétanje
aterrar (vi)	спуштати се	spúštati se
escada (f) de avião	степенице (мн)	stépenice

check-in (m)	регистрација (ж), чекирање (с)	registrácija, čekíranje
balcão (m) do check-in	шалтер (м) за чекирање	šálter za čekíranje
fazer o check-in	пријавити се	prijáviti se
cartão (m) de embarque	бординг карта (ж)	bórding kárta
porta (f) de embarque	излаз (м)	ízlaz

trânsito (m)	транзит (м)	tránzit
esperar (vi, vt)	чекати (нг, пг)	čékati
sala (f) de espera	чекаоница (ж)	čekaónica
despedir-se de ...	пратити (пг)	prátiti
despedir-se (vr)	опраштати се	opráštati se

145. Bicicleta. Motocicleta

bicicleta (f)	бицикл (м)	bicíkl
scotter, lambreta (f)	скутер (м)	skúter
mota (f)	мотоцикл (м)	motocíkl

ir de bicicleta	ићи бициклом	ići bicíklom
guiador (m)	управљач (м)	uprávljač
pedal (m)	педала (ж)	pedála
travões (m pl)	кочнице (мн)	kóčnice
selim (m)	седло, седиште (с)	sédlo, sédište

bomba (f) de ar	пумпа (ж)	púmpa
porta-bagagens (m)	пак трегер (м)	pak tréger
lanterna (f)	фар (м)	far
capacete (m)	шлем (м)	šlem

roda (f)	точак (м)	tóčak
guarda-lamas (m)	блатобран (м)	blátobran
aro (m)	фелга (ж)	félga
raio (m)	жбица (ж)	žbíca

Carros

carro, automóvel (m)	ауто, аутомобил (м)	áuto, automóbil
carro (m) desportivo	спортски ауто (м)	spórtski áuto
limusine (f)	лимузина (ж)	limuzína
todo o terreno (m)	теренско возило (с)	térensko vózilo
descapotável (m)	кабриолет (м)	kabriólet
minibus (m)	минибус (м)	mínibus
ambulância (f)	хитна помоћ (ж)	hítna pómoć
limpa-neve (m)	снежни плуг (м)	snéžni plug
camião (m)	камион (м)	kamíon
camião-cisterna (m)	аутоцистерна (ж)	autocísterna
carrinha (f)	комби (м)	kómbi
camião-trator (m)	тегљач (м)	tégljač
atrelado (m)	приколица (ж)	príkolica
confortável	комфоран	kómforan
usado	половни	pólovni

capô (m)	хауба (ж)	háuba
guarda-lamas (m)	блатобран (м)	blátobran
tejadilho (m)	кров (м)	krov
para-brisa (m)	шофершајбна (ж)	šóferšajbna
espelho (m) retrovisor	ретровизор (м)	retrovízor
lavador (m)	прскалица (ж) ветробрана	pŕskalica vétrobrana
limpa-para-brisas (m)	метлице (мн) брисача	métlice brisáča
vidro (m) lateral	бочни прозор (м)	bóčni prózor
elevador (m) do vidro	подизач (м) прозора	pódizač prózora
antena (f)	антена (ж)	anténa
teto solar (m)	отвор (м) на крову	ótvor na króvu
para-choques (m pl)	браник (м)	bránik
bagageira (f)	гепек (м)	gépek
bagageira (f) de tejadilho	пртљажник (м)	prtljážnik
porta (f)	врата (мн)	vráta
maçaneta (f)	квака (ж)	kváka
fechadura (f)	брава (ж)	bráva
matrícula (f)	регистарска таблица (ж)	regístarska táblica
silenciador (m)	пригушивач (м)	prigúšivač

tanque (m) de gasolina	резервоар (м) за гориво	rezervóar za górivo
tubo (m) de escape	ауспух (м)	áuspuh
acelerador (m)	гас (м)	gas
pedal (m)	педала (ж)	pedála
pedal (m) do acelerador	папучица (ж) гаса	pápučica gása
travão (m)	кочница (ж)	kóčnica
pedal (m) do travão	папучица (ж) кочнице	pápučica kóčnice
travar (vt)	кочити (нг)	kóčiti
travão (m) de mão	ручна кочница (ж)	rúčna kóčnica
embraiagem (f)	квачило (с)	kváčilo
pedal (m) da embraiagem	папучица (ж) квачила	pápučica kváčila
disco (m) de embraiagem	диск (м) квачила	disk kváčila
amortecedor (m)	амортизер (м)	amortízer
roda (f)	точак (м)	tóčak
pneu (m) sobresselente	резервни точак (м)	rézervni tóčak
pneu (m)	гума (ж)	gúma
tampão (m) de roda	раткапна (ж)	rátkapna
rodas (f pl) motrizes	погонски точкови (мн)	pógonski tóčkovi
de tração dianteira	са предњим погоном	sa prédnjim pógonom
de tração traseira	на задњи погон	na zádnji pógon
de tração às 4 rodas	с погоном на четири точка	s pógonom na čétiri tóčka
caixa (f) de mudanças	мењач (м)	ménjač
automático	аутоматски	autómatski
mecânico	механички	mehánički
alavanca (f) das mudanças	мењач (м)	ménjač
farol (m)	светло (с), фар (м)	svétlo, far
faróis, luzes	фарови (мн)	fárovi
médios (m pl)	кратка светла (мн)	krátka svétla
máximos (m pl)	дуга светла (мн)	dúga svétla
luzes (f pl) de stop	стоп светло (с)	stop svétlo
mínimos (m pl)	паркинг светла (мн)	párking svétla
luzes (f pl) de emergência	четири жмигавца (мн)	čétiri žmígavca
faróis (m pl) antinevoeiro	светла (мн) за маглу	svétla za máglu
pisca-pisca (m)	мигавац (м)	mígavac
luz (f) de marcha atrás	рикверц светло (с)	ríkverc svétlo

148. Carros. Habitáculo

interior (m) do carro	унутрашњост (ж)	únutrašnjost
de couro, de pele	кожни	kóžni
de veludo	из велура	iz velúra
estofos (m pl)	тапацирунг (м)	tapacírung
indicador (m)	инструмент (м)	instrúment
painel (m) de instrumentos	инструмент табла (ж)	instrúment tábla

velocímetro (m)	брзиномер (м)	brzínomer
ponteiro (m)	казаљка (ж)	kázaljka

conta-quilómetros (m)	километар сат (м)	kílometar sat
sensor (m)	мерач (м)	mérač
nível (m)	ниво (м)	nívo
luz (f) avisadora	лампица (ж) упозорава	lámpica upozorava

volante (m)	волан (м)	vólan
buzina (f)	сирена (ж)	siréna
botão (m)	дугме (с)	dúgme
interruptor (m)	прекидач (м)	prekídač

assento (m)	седиште (с)	sédište
costas (f pl) do assento	наслон (м)	náslon
cabeceira (f)	наслон (м) за главу	náslon za glávu
cinto (m) de segurança	сигурносни појас (м)	sigúrnosni pójas
apertar o cinto	везати појас	vézati pójas
regulação (f)	подешавање (с)	podešávanje

airbag (m)	ваздушни јастук (м)	vázdušni jástuk
ar (m) condicionado	клима уређај (м)	klíma úređaj

rádio (m)	радио (м)	rádio
leitor (m) de CD	ЦД плејер (м)	CD pléjer
ligar (vt)	укључити (пг)	uključiti
antena (f)	антена (ж)	anténa
porta-luvas (m)	претинац (м)	prétinac
cinzeiro (m)	пепељара (ж)	pepéljara

149. Carros. Motor

motor (m)	мотор (м)	mótor
diesel	дизелски	dízelski
a gasolina	бензински	bénzinski

cilindrada (f)	запремина (ж) мотора	zápremina mótora
potência (f)	снага (ж)	snága
cavalo-vapor (m)	коњска снага (ж)	kónjska snága
pistão (m)	клип (м)	klip
cilindro (m)	цилиндар (м)	cilíndar
válvula (f)	вентил (м)	véntil

injetor (m)	ињектор (м)	ínjektor
gerador (m)	генератор (м)	genérator
carburador (m)	карбуратор (м)	karburator
óleo (m) para motor	моторно уље (с)	mótorno úlje

radiador (m)	хладњак (м)	hládnjak
refrigerante (m)	течност (ж) за хлађење	téčnost za hláđenje
ventilador (m)	вентилатор (м)	ventílator

bateria (f)	акумулатор (м)	akumúlator
dispositivo (m) de arranque	стартер (м)	stárter

ignição (f)	паљење (c)	páljenje
vela (f) de ignição	свећица (ж)	svéćica

borne (m)	клема (ж)	kléma
borne (m) positivo	плус (м)	plus
borne (m) negativo	минус (м)	mínus
fusível (m)	осигурач (м)	osigúrač

filtro (m) de ar	ваздушни филтер (м)	vázdušni fílter
filtro (m) de óleo	филтер (м) за уље	fílter za úlje
filtro (m) de combustível	филтер (м) за гориво	fílter za górivo

150. Carros. Batidas. Reparação

acidente (m) de carro	саобраћајка (ж)	saobráćajka
acidente (m) rodoviário	саобраћајна несрећа (ж)	sáobraćajna nésreća
ir contra ...	ударити (нг)	údariti
sofrer um acidente	разбити се	rázbiti se
danos (m pl)	штета (ж)	štéta
intato	нетакнут	nétaknut

avaria (no motor, etc.)	квар (м)	kvar
avariar (vi)	покварити се	pokváriti se
cabo (m) de reboque	уже (c) за вучу	úže za vúču

furo (m)	рупа, пукнута гума (ж)	rúpa, púknuta gúma
estar furado	испумпати се	ispúmpati se
encher (vt)	пумпати (нг)	púmpati
pressão (f)	притисак (м)	prítisak
verificar (vt)	проверити (нг)	próveriti

reparação (f)	поправка (ж)	pópravka
oficina (f)	ауто сервис (м)	áuto sérvis
de reparação de carros		

peça (f) sobresselente	резервни део (м)	rézervni déo
peça (f)	део (м)	déo

parafuso (m)	завртањ (м)	závrtanj
parafuso (m)	шраф (м)	šraf
porca (f)	навртка (ж)	návrtka
anilha (f)	подлошка (ж)	pódloška
rolamento (m)	лежај (м)	léžaj

tubo (m)	црево (c)	crévo
junta (f)	заптивка (ж)	záptivka
fio, cabo (m)	жица (ж)	žíca

macaco (m)	дизалица (ж)	dízalica
chave (f) de boca	матични кључ (м)	mátični ključ
martelo (m)	чекић (м)	čékić
bomba (f)	пумпа (ж)	púmpa
chave (f) de fendas	шрафцигер (м)	šráfciger
extintor (m)	противпожарни апарат (м)	protivpóžarni apárat
triângulo (m) de emergência	безбедносни троугао (м)	bezbédnosni tróugao

parar (vi) (motor)	гасити се	gásiti se
paragem (f)	гашење (c)	gášenje
estar quebrado	бити покварен	biti pókvaren

superaquecer-se (vr)	прегрејати се	prégrejati se
entupir-se (vr)	зачепити се	začépiti se
congelar-se (vr)	смрзнути се	smŕznuti se
rebentar (vi)	пукнути (нг)	púknuti

pressão (f)	притисак (м)	prítisak
nível (m)	ниво (м)	nívo
frouxo	лабав	lábav

mossa (f)	удубљење (c)	udubljénje
ruído (m)	лупање (c)	lúpanje
fissura (f)	пукотина (ж)	púkotina
arranhão (m)	огреботина (ж)	ogrebótina

151. Carros. Estrada

estrada (f)	пут (м)	put
autoestrada (f)	брзи пут (м)	bŕzi put
rodovia (f)	аутопут (м)	áutoput
direção (f)	правац (м)	právac
distância (f)	раздаљина (ж)	rázdaljina

ponte (f)	мост (м)	most
parque (m) de estacionamento	паркиралиште (c)	parkíralište
praça (f)	трг (м)	tŕg
nó (m) rodoviário	петља (ж)	pétlja
túnel (m)	тунел (м)	túnel

posto (m) de gasolina	бензинска станица (ж)	bénzinska stánica
parque (m) de estacionamento	паркиралиште (c)	parkíralište
bomba (f) de gasolina	пумпа (ж)	púmpa
oficina (f) de reparação de carros	ауто сервис (м)	áuto sérvis

abastecer (vt)	напунити (пг)	nápuniti
combustível (m)	гориво (c)	górivo
bidão (m) de gasolina	канта (ж) за гориво	kánta za górivo

asfalto (m)	асфалт (м)	ásfalt
marcação (f) de estradas	ознаке (мн) на коловозу	óznake na kólovozu
lancil (m)	ивичњак (м)	ívičnjak
proteção (f) guard-rail	заштитна ограда (ж)	záštitna ógrada
valeta (f)	канал (м)	kánal
berma (f) da estrada	ивица (ж) пута	ívica puta
poste (m) de luz	стуб (м)	stub

conduzir, guiar (vt)	возити (пг)	vóziti
virar (ex. ~ à direita)	скретати (нг)	skrétati
dar retorno	окренути се	okrénuti se
marcha-atrás (f)	риквврц (м)	ríkverc
buzinar (vi)	трубити (нг)	trúbiti

buzina (f)	звучни сигнал (м)	zvúčni sígnal
atolar-se (vr)	заглавити се	zagláviti se
patinar (na lama)	окретати се у месту	okrétati se u méstu
desligar (vt)	гасити (пг)	gásiti
velocidade (f)	брзина (ж)	brzína
exceder a velocidade	прекорачити брзину	prekoráčiti brzinu
multar (vt)	кажњавати (пг)	kažnjávati
semáforo (m)	семафор (м)	sémafor
carta (f) de condução	возачка дозвола (ж)	vózačka dózvola
passagem (f) de nível	пружни прелаз (м)	prúžni prélaz
cruzamento (m)	раскрсница (ж)	ráskrsnica
passadeira (f)	пешачки прелаз (м)	péšački prélaz
curva (f)	кривина (ж)	krivína
zona (f) pedonal	пешачка зона (ж)	péšačka zona

PESSOAS. EVENTOS

152. Férias. Evento

festa (f)	празник (м)	práznik
festa (f) nacional	национални празник (м)	nacionálni práznik
feriado (m)	празничан дан (м)	prázničan dan
festejar (vt)	празновати (пг)	práznovati
evento (festa, etc.)	догађај (м)	dógađaj
evento (banquete, etc.)	догађај (м)	dógađaj
banquete (m)	банкет (м)	bánket
receção (f)	дочек, пријем (м)	dóček, príjem
festim (m)	гозба (ж)	gózba
aniversário (m)	годишњица (ж)	gódišnjica
jubileu (m)	јубилеј (м)	jubílej
celebrar (vt)	прославити (пг)	próslaviti
Ano (m) Novo	Нова година (ж)	Nóva gódina
Feliz Ano Novo!	Срећна Нова година!	Sréćna Nóva gódina!
Pai (m) Natal	Деда Мраз (м)	Déda Mraz
Natal (m)	Божић (м)	Bóžić
Feliz Natal!	Срећан Божић!	Sréćan Bóžić!
árvore (f) de Natal	Новогодишња јелка (ж)	Novogódišnja jélka
fogo (m) de artifício	ватромет (м)	vátromet
boda (f)	свадба (ж)	svádba
noivo (m)	младожења (м)	mladóženja
noiva (f)	млада, невеста (ж)	mláda, névesta
convidar (vt)	позивати (пг)	pozívati
convite (m)	позивница (ж)	pózivnica
convidado (m)	гост (м)	gost
visitar (vt)	ићи у госте	íći u góste
receber os hóspedes	дочекивати госте	dočekívati góste
presente (m)	поклон (м)	póklon
oferecer (vt)	поклањати (пг)	póklanjati
receber presentes	добијати поклоне	dóbijati póklone
ramo (m) de flores	букет (м)	búket
felicitações (f pl)	честитка (ж)	čestitka
felicitar (dar os parabéns)	честитати (пг)	čestítati
cartão (m) de parabéns	честитка (ж)	čestitka
enviar um postal	послати честитку	póslati čestitku
receber um postal	добити честитку	dóbiti čestitku

brinde (m)	здравица (ж)	zdrávica
oferecer (vt)	нудити (пг)	núditi
champanhe (m)	шампањац (м)	šampánjac

divertir-se (vr)	веселити се	veséliti se
diversão (f)	весеље (с)	vesélje
alegria (f)	радост (ж)	rádost

dança (f)	плес (м)	ples
dançar (vi)	играти, плесати (нг)	ígrati, plésati

valsa (f)	валцер (м)	válcer
tango (m)	танго (м)	tángo

153. Funerais. Enterro

cemitério (m)	гробље (с)	gróblje
sepultura (f), túmulo (m)	гроб (м)	grob
cruz (f)	крст (м)	kŕst
lápide (f)	надгробни споменик (м)	nádgrobni spómenik
cerca (f)	ограда (ж)	ógrada
capela (f)	капела (ж)	kapéla

morte (f)	смрт (ж)	smŕt
morrer (vi)	умрети (нг)	úmreti
defunto (m)	покојник (м)	pókojnik
luto (m)	жалост (ж)	žálost

enterrar, sepultar (vt)	сахрањивати (пг)	sahranjívati
agência (f) funerária	погребно предузеће (с)	pógrebno preduzéće
funeral (m)	сахрана (ж)	sáhrana

coroa (f) de flores	венац (м)	vénac
caixão (m)	ковчег (м)	kóvčeg
carro (m) funerário	погребна кола (ж)	pógrebna kóla
mortalha (f)	мртвачки покров (м)	mŕtvački pókrov

procissão (f) funerária	погребна поворка (ж)	pógrebna póvorka
urna (f) funerária	погребна урна (ж)	pógrebna úrna
crematório (m)	крематоријум (м)	kremató rijum

obituário (m), necrologia (f)	читуља (ж)	čítulja
chorar (vi)	плакати (нг)	plákati
soluçar (vi)	јецати (пг)	jécati

154. Guerra. Soldados

pelotão (m)	вод (м)	vod
companhia (f)	чета (ж)	četa
regimento (m)	пук (м)	púk
exército (m)	армија (ж)	ármija
divisão (f)	дивизија (ж)	divízija

| destacamento (m) | одред (м) | ódred |
| hoste (f) | војска (ж) | vójska |

| soldado (m) | војник (м) | vójnik |
| oficial (m) | официр (м) | ofícir |

soldado (m) raso	редов (м)	rédov
sargento (m)	наредник (м)	národnik
tenente (m)	поручник (м)	póručnik
capitão (m)	капетан (м)	kapétan
major (m)	мајор (м)	májor
coronel (m)	пуковник (м)	púkovnik
general (m)	генерал (м)	genéral

marujo (m)	поморац, морнар (м)	pómorac, mórnar
capitão (m)	капетан (м)	kapétan
contramestre (m)	вођа (м) палубе	vóđa pálube
artilheiro (m)	артиљерац (м)	artiljérac
soldado (m) paraquedista	падобранац (м)	pádobranac
piloto (m)	пилот (м)	pílot
navegador (m)	навигатор (м)	navígator
mecânico (m)	механичар (м)	meháničar

sapador (m)	деминер (м)	demíner
paraquedista (m)	падобранац (м)	pádobranac
explorador (m)	извиђач (м)	izvíđač
franco-atirador (m)	снајпер (м)	snájper

patrulha (f)	патрола (ж)	patróla
patrulhar (vt)	патролирати (нг, пг)	patrolírati
sentinela (f)	стражар (м)	strážar
guerreiro (m)	војник (м)	vójnik
patriota (m)	патриота (м)	patrióta
herói (m)	јунак (м)	júnak
heroína (f)	јунакиња (ж)	junákinja

| traidor (m) | издајник (м) | ízdajnik |
| trair (vt) | издавати (пг) | izdávati |

| desertor (m) | дезертер (м) | dezérter |
| desertar (vt) | дезертирати (нг) | dezertírati |

mercenário (m)	најамник (м)	nájamnik
recruta (m)	регрут (м)	régrut
voluntário (m)	добровољац (м)	dobrovóljac

morto (m)	убијен (м)	úbijen
ferido (m)	рањеник (м)	ránjenik
prisioneiro (m) de guerra	заробљеник (м)	zarobljénik

155. Guerra. Ações militares. Parte 1

| guerra (f) | рат (м) | rat |
| guerrear (vt) | ратовати (нг) | rátovati |

guerra (f) civil	грађански рат (м)	grádanski rat
perfidamente	подмукло	pódmuklo
declaração (f) de guerra	објава (ж) рата	óbjava rata
declarar (vt) guerra	објавити (пг)	objáviti
agressão (f)	агресија (ж)	agrésija
atacar (vt)	нападати (нг)	nápadati
invadir (vt)	инвадирати, окупирати (пг)	invadírati, okupírati
invasor (m)	освајач (м)	osvájač
conquistador (m)	освајач (м)	osvájač
defesa (f)	одбрана (ж)	ódbrana
defender (vt)	бранити (пг)	brániti
defender-se (vr)	бранити се	brániti se
inimigo (m)	непријатељ (м)	néprijatelj
adversário (m)	противник (м)	prótivnik
inimigo	непријатељски	neprijatéljski
estratégia (f)	стратегија (ж)	strátegija
tática (f)	тактика (ж)	táktika
ordem (f)	наредба (ж)	náredba
comando (m)	команда (ж)	kómanda
ordenar (vt)	наређивати (пг)	naređívati
missão (f)	задатак (м)	zadátak
secreto	тајни	tájni
batalha (f)	битка (ж)	bítka
combate (m)	бој, битка (ж)	boj, bítka
ataque (m)	напад (м)	nápad
assalto (m)	јуриш (м)	júriš
assaltar (vt)	јуришати (пг)	juríšati
assédio, sítio (m)	опсада (ж)	ópsada
ofensiva (f)	офанзива (ж)	ofanzíva
passar à ofensiva	прећи у напад	préći u nápad
retirada (f)	повлачење (с)	povlačénje
retirar-se (vr)	одступати (нг)	odstúpati
cerco (m)	опкољавање (с)	opkoljávanje
cercar (vt)	опкољавати (пг)	opkoljávati
bombardeio (m)	бомбардовање (с)	bómbardovanje
lançar uma bomba	избацити бомбу	izbáciti bómbu
bombardear (vt)	бомбардовати (пг)	bómbardovati
explosão (f)	експлозија (ж)	eksplózija
tiro (m)	пуцањ (м)	púcanj
disparar um tiro	пуцати (нг)	púcati
tiroteio (m)	пуцање (с)	púcanje
apontar para ...	циљати (пг)	cíljati
apontar (vt)	уперити (пг)	upériti

acertar (vt)	погодити (nr)	pogóditi
afundar (um navio)	потопити (nr)	potópiti
brecha (f)	рупа (ж)	rúpa
afundar-se (vr)	тонути (нг)	tónuti

frente (m)	фронт (м)	front
evacuação (f)	евакуација (ж)	evakuácija
evacuar (vt)	евакуисати (nr)	evakuísati

trincheira (f)	ров (м)	rov
arame (m) farpado	бодљикава жица (ж)	bódljikava žíca
obstáculo (m) anticarro	препрека (ж)	prépreka
torre (f) de vigia	осматрачница (ж)	osmátračnica

hospital (m)	војна болница (ж)	vójna bólnica
ferir (vt)	ранити (nr)	ce
ferida (f)	рана (ж)	rána
ferido (m)	рањеник (м)	ránjenik
ficar ferido	бити рањен	bíti ránjen
grave (ferida ~)	озбиљан	ózbiljan

156. Armas

arma (f)	оружје (с)	óružje
arma (f) de fogo	ватрено оружје (с)	vátreno óružje
arma (f) branca	хладно оружје (с)	hládno oružje

arma (f) química	хемијско оружје (с)	hémijsko óružje
nuclear	нуклеарни	núklearni
arma (f) nuclear	нуклеарно оружје (с)	núklearno óružje

bomba (f)	бомба (ж)	bómba
bomba (f) atómica	атомска бомба (ж)	átomska bómba

pistola (f)	пиштољ (м)	píštolj
caçadeira (f)	пушка (ж)	púška
pistola-metralhadora (f)	аутомат (м)	autómat
metralhadora (f)	митраљез (м)	mitráljez

boca (f)	грло (с)	gŕlo
cano (m)	цев (ж)	cev
calibre (m)	калибар (м)	kalíbar

gatilho (m)	окидач (м)	okídač
mira (f)	нишан (м)	níšan
carregador (m)	шаржер (м)	šáržer
coronha (f)	кундак (м)	kúndak

granada (f) de mão	граната (ж)	granáta
explosivo (m)	експлозив (м)	eksplóziv

bala (f)	пројектил (м)	projéktil
cartucho (m)	метак (м)	métak
carga (f)	набој (м)	náboj

munições (f pl)	муниција (ж)	munícija
bombardeiro (m)	бомбардер (м)	bombárder
avião (m) de caça	ловачки авион (м)	lóvački avíon
helicóptero (m)	хеликоптер (м)	helikópter

canhão (m) antiaéreo	против авионски топ (м)	prótiv avíonski top
tanque (m)	тенк (м)	tenk
canhão (de um tanque)	топ (м)	top

artilharia (f)	артиљерија (ж)	artiljérija
canhão (m)	топ (м)	top
fazer a pontaria	уперити (пг)	upériti

obus (m)	пројектил (м)	projéktil
granada (f) de morteiro	минобацачка мина (ж)	minobácačka mína
morteiro (m)	минобацач (м)	minobácač
estilhaço (m)	комадић (м)	komádić

submarino (m)	подморница (ж)	pódmornica
torpedo (m)	торпедо (м)	torpédo
míssil (m)	ракета (ж)	rakéta

carregar (uma arma)	пунити (пг)	púniti
atirar, disparar (vi)	пуцати (нг)	púcati
apontar para ...	циљати (пг)	cíljati
baioneta (f)	бајонет (м)	bajónet

espada (f)	мач (м)	mač
sabre (m)	сабља (ж)	sáblja
lança (f)	копље (с)	kóplje
arco (m)	лук (м)	luk
flecha (f)	стрела (ж)	stréla
mosquete (m)	мускета (ж)	músketa
besta (f)	самострел (м)	sámostrel

157. Povos da antiguidade

primitivo	првобитни	pŕvobitni
pré-histórico	праисторијски	praistórijski
antigo	древни	drévni

Idade (f) da Pedra	Камено доба (с)	Kámeno dóba
Idade (f) do Bronze	Бронзано доба (с)	Brónzano dóba
período (m) glacial	Ледено доба (с)	Lédeno dóba

tribo (f)	племе (с)	pléme
canibal (m)	људождер (м)	ljudóžder
caçador (m)	ловац (м)	lóvac
caçar (vi)	ловити (пг)	lóviti
mamute (m)	мамут (м)	mámut

caverna (f)	пећина (ж)	péćina
fogo (m)	ватра (ж)	vátra
fogueira (f)	логорска ватра (ж)	lógorska vátra

pintura (f) rupestre	пећинска слика (ж)	péćinska slíka
ferramenta (f)	алат (м)	álat
lança (f)	копље (с)	kóplje
machado (m) de pedra	камена секира (ж)	kámena sékira
guerrear (vt)	ратовати (нг)	rátovati
domesticar (vt)	припитомљивати (пг)	pripitomljívati
ídolo (m)	идол (м)	ídol
adorar, venerar (vt)	обожавати (пг)	obožávati
superstição (f)	сујеверје (с)	sújeverje
ritual (m)	обред (м)	óbred
evolução (f)	еволуција (ж)	evolúcija
desenvolvimento (m)	развој (м)	rázvoj
desaparecimento (m)	нестанак (м)	néstanak
adaptar-se (vr)	прилагођавати се	prilagođávati se
arqueologia (f)	археологија (ж)	arheológija
arqueólogo (m)	археолог (м)	arheólog
arqueológico	археолошки	arheólóški
local (m) das escavações	археолошко налазиште (с)	arheólóško nálazište
escavações (f pl)	ископине (мн)	ískopine
achado (m)	налаз (м)	nálaz
fragmento (m)	фрагмент (м)	frágment

158. Idade média

povo (m)	народ (м)	národ
povos (m pl)	народи (мн)	národi
tribo (f)	племе (с)	pléme
tribos (f pl)	племена (мн)	plemena
bárbaros (m pl)	Варвари (мн)	Várvari
gauleses (m pl)	Гали (мн)	Gáli
godos (m pl)	Готи (мн)	Góti
eslavos (m pl)	Славени (мн)	Slavéni
víquingues (m pl)	Викинзи (мн)	Víkinzi
romanos (m pl)	Римљани (мн)	Rímljani
romano	римски	rímski
bizantinos (m pl)	Византијци (мн)	Vizántijci
Bizâncio	Византија (ж)	Vizántija
bizantino	византијски	vizántijski
imperador (m)	император (м)	imperátor
líder (m)	вођа, поглавица (м)	vóđa, póglavica
poderoso	моћан	móćan
rei (m)	краљ (м)	kralj
governante (m)	владар (м)	vládar
cavaleiro (m)	витез (м)	vítez
senhor feudal (m)	феудалац (м)	feudálac

| feudal | феудалан | féudalan |
| vassalo (m) | вазал (м) | vázal |

duque (m)	војвода (м)	vójvoda
conde (m)	гроф (м)	grof
barão (m)	барон (м)	báron
bispo (m)	епископ (м)	épiskop

armadura (f)	оклоп (м)	óklop
escudo (m)	штит (м)	štit
espada (f)	мач (м)	mač
viseira (f)	визир (м)	vízir
cota (f) de malha	панцирна кошуља (ж)	páncirna kóšulja

| cruzada (f) | крсташки рат (м) | kŕstaški rat |
| cruzado (m) | крсташ (м) | kŕstaš |

território (m)	територија (ж)	teritórija
atacar (vt)	нападати (нг)	nápadati
conquistar (vt)	освојити (пг)	osvójiti
ocupar, invadir (vt)	окупирати (пг)	okupírati

assédio, sítio (m)	опсада (ж)	ópsada
sitiado	опсађени	ópsađeni
assediar, sitiar (vt)	опколити (пг)	opkóliti

inquisição (f)	инквизиција (ж)	inkvizícija
inquisidor (m)	инквизитор (м)	inkvízitor
tortura (f)	тортура (ж)	tortúra
cruel	окрутан	ókrutan
herege (m)	јеретик (м)	jéretik
heresia (f)	јерес (ж)	jéres

navegação (f) marítima	морепловство (с)	moreplóvstvo
pirata (m)	гусар (м)	gúsar
pirataria (f)	гусарство (с)	gúsarstvo
abordagem (f)	укрцај (м), укрцавање (с)	úkrcaj, ukrcávanje
presa (f), butim (m)	плен (м)	plen
tesouros (m pl)	благо (с)	blágo

descobrimento (m)	откриће (с)	otkríće
descobrir (novas terras)	открити (пг)	ótkriti
expedição (f)	експедиција (ж)	ekspedícija

mosqueteiro (m)	мускетар (м)	músketar
cardeal (m)	кардинал (м)	kardínal
heráldica (f)	хералдика (ж)	heráldika
heráldico	хералдички	heráldički

159. Líder. Chefe. Autoridades

rei (m)	краљ (м)	kralj
rainha (f)	краљица (ж)	králjica
real	краљевски	králjevski

reino (m)	краљевина (ж)	králjevina
príncipe (m)	принц (м)	princ
princesa (f)	принцеза (ж)	princéza
presidente (m)	председник (м)	prédsednik
vice-presidente (m)	потпредседник (м)	potprédsednik
senador (m)	сенатор (м)	sénator
monarca (m)	монарх (м)	mónarh
governante (m)	владар (м)	vládar
ditador (m)	диктатор (м)	diktátor
tirano (m)	тиранин (м)	tíranin
magnata (m)	магнат (м)	mágnat
diretor (m)	директор (м)	dírektor
chefe (m)	шеф (м)	šef
dirigente (m)	менаџер (м)	ménadžer
patrão (m)	газда (м)	gázda
dono (m)	власник (м)	vlásnik
líder, chefe (m)	вођа, лидер (м)	vóđa, líder
chefe (~ de delegação)	глава (ж)	gláva
autoridades (f pl)	власти (мн)	vlásti
superiores (m pl)	руководство (с)	rúkovodstvo
governador (m)	гувернер (м)	guvérner
cônsul (m)	конзул (м)	kónzul
diplomata (m)	дипломат (м)	diplómat
Presidente (m) da Câmara	градоначелник (м)	gradonáčelnik
xerife (m)	шериф (м)	šérif
imperador (m)	император (м)	imperátor
czar (m)	цар (м)	car
faraó (m)	фараон (м)	faráon
cã (m)	кан (м)	kan

160. Viloação da lei. Criminosos. Parte 1

bandido (m)	бандит (м)	bándit
crime (m)	злочин (м)	zlóčin
criminoso (m)	злочинац (м)	zlóčinac
ladrão (m)	лопов (м)	lópov
roubar (vt)	красти (нг, пг)	krásti
furto (m)	крађа (ж)	kráđa
furto (m)	крађа (ж)	kráđa
raptar (ex. ~ uma criança)	киднаповати (пг)	kidnapóvati
rapto (m)	отмица (ж), киднаповање (с)	ótmica, kidnapovanje
raptor (m)	киднапер (м)	kidnáper
resgate (m)	откуп (м)	ótkup
pedir resgate	тражити откуп	trážiti ótkup

roubar (vt)	пљачкати (пг)	pljáčkati
assalto, roubo (m)	пљачка (ж)	pljáčka
assaltante (m)	пљачкаш (м)	pljáčkaš
extorquir (vt)	уцењивати (пг)	ucenjívati
extorsionário (m)	изнуђивач (м)	iznuđívač
extorsão (f)	изнуђивање (с)	iznuđívanje
matar, assassinar (vt)	убити (пг)	úbiti
homicídio (m)	убиство (с)	úbistvo
homicida, assassino (m)	убица (м)	úbica
tiro (m)	пуцањ (м)	púcanj
dar um tiro	пуцати (нг)	púcati
matar a tiro	устрелити (пг)	ustréliti
atirar, disparar (vi)	пуцати (нг)	púcati
tiroteio (m)	пуцњава (ж)	púcnjava
incidente (m)	инцидент (м)	incídent
briga (~ de rua)	туча (ж)	túča
Socorro!	Упомоћ! У помоћ!	Upómoć! U pómoć!
vítima (f)	жртва (ж)	žŕtva
danificar (vt)	оштетити (пг)	óštetiti
dano (m)	штета (ж)	štéta
cadáver (m)	леш (м)	leš
grave	тежак	téžak
atacar (vt)	нападати (нг)	nápadati
bater (espancar)	ударати (пг)	údarati
espancar (vt)	претући (пг)	prétući
tirar, roubar (dinheiro)	отети (пг)	óteti
esfaquear (vt)	избости ножем	ízbosti nóžem
mutilar (vt)	осакатити (пг)	osákatiti
ferir (vt)	ранити (пг)	rániti
chantagem (f)	уцењивање (с)	ucenjívanje
chantagear (vt)	уцењивати (пг)	ucenjívati
chantagista (m)	уцењивач (м)	ucenjívač
extorsão (em troca de proteção)	рекет (м)	réket
extorsionário (m)	рекеташ (м)	réketaš
gângster (m)	гангстер (м)	gángster
máfia (f)	мафија (ж)	máfija
carteirista (m)	џепарош (м)	džéparoš
assaltante, ladrão (m)	обијач (м)	obíjač
contrabando (m)	шверц (м)	šverc
contrabandista (m)	кријумчар (м)	kríjumčar
falsificação (f)	кривотворење (с)	krivotvórenje
falsificar (vt)	кривотворити (пг)	krivotvóriti
falsificado	лажни	lážni

161. Viloação da lei. Criminosos. Parte 2

violação (f)	силовање (c)	sílovanje
violar (vt)	силовати (пг)	sílovati
violador (m)	силоватељ (м)	silóvatelj
maníaco (m)	манијак (м)	mánijak

prostituta (f)	проститутка (ж)	próstitutka
prostituição (f)	проституција (ж)	prostitúcija
chulo (m)	макро (м)	mákro

toxicodependente (m)	наркоман (м)	nárkoman
traficante (m)	продавац (м) дроге	prodávac dróge

explodir (vt)	разнети (пг)	rázneti
explosão (f)	експлозија (ж)	eksplózija
incendiar (vt)	запалити (пг)	zapáliti
incendiário (m)	потпаљивач (м)	potpaljívač

terrorismo (m)	тероризам (м)	terorízam
terrorista (m)	терориста (м)	terorísta
refém (m)	талац (м)	tálac

enganar (vt)	преварити (пг)	prévariti
engano (m)	превара (ж)	prévara
vigarista (m)	варалица (м)	váralica

subornar (vt)	потплатити (пг)	potplátiti
suborno (atividade)	подмићивање (c)	podmićívanje
suborno (dinheiro)	мито (c)	míto

veneno (m)	отров (м)	ótrov
envenenar (vt)	отровати (пг)	otróvati
envenenar-se (vr)	отровати се	otróvati se

suicídio (m)	самоубиство (c)	samoubístvo
suicida (m)	самоубица (м, ж)	samoubíca

ameaçar (vt)	претити (нг)	prétiti
ameaça (f)	претња (ж)	prétnja
atentar contra a vida de ...	покушавати (пг)	pokušávati
atentado (m)	покушај, атентат (м)	pókušaj, aténtat

roubar (o carro)	украсти, отети (пг)	úkrasti, óteti
desviar (o avião)	отети (пг)	óteti

vingança (f)	освета (ж)	ósveta
vingar (vt)	освећивати (пг)	osvećívati

torturar (vt)	мучити (пг)	múčiti
tortura (f)	тортура (ж)	tortúra
atormentar (vt)	мучити (пг)	múčiti

pirata (m)	гусар (м)	gúsar
desordeiro (m)	хулиган (м)	húligan

armado	наоружан	náoružan
violência (f)	насиље (c)	násilje
ilegal	илегалан	ílegalan

| espionagem (f) | шпијунажа (ж) | špijunáža |
| espionar (vi) | шпијунирати (нг) | špijunírati |

162. Polícia. Lei. Parte 1

justiça (f)	правосуђе (c)	právosuđe
tribunal (m)	суд (м)	sud

juiz (m)	судија (м)	súdija
jurados (m pl)	поротници (мн)	pórotnici
tribunal (m) do júri	суђење (c) пред поротом	súđenje pred pórotom
julgar (vt)	судити (нг)	súditi

advogado (m)	адвокат (м)	advókat
réu (m)	окривљеник (м)	ókrivljenik
banco (m) dos réus	оптуженичка клупа (ж)	optužénička klúpa

| acusação (f) | оптужба (ж) | óptužba |
| acusado (m) | оптуженик (м) | óptuženik |

| sentença (f) | пресуда (ж) | présuda |
| sentenciar (vt) | осудити (пг) | osúditi |

culpado (m)	кривац (м)	krívac
punir (vt)	казнити (пг)	kázniti
punição (f)	казна (ж)	kázna

multa (f)	новчана казна (ж)	nóvčana kázna
prisão (f) perpétua	доживотна робија (ж)	dóživotna róbija
pena (f) de morte	смртна казна (ж)	smŕtna kázna
cadeira (f) elétrica	електрична столица (ж)	eléktrična stólica
forca (f)	вешала (мн)	véšala

| executar (vt) | смакнути (пг) | smáknuti |
| execução (f) | казна (ж) | kázna |

| prisão (f) | затвор (м) | zátvor |
| cela (f) de prisão | ћелија (ж) | ćélija |

escolta (f)	пратња (ж)	prátnja
guarda (m) prisional	чувар (м)	čúvar
preso (m)	затвореник (м)	zatvorénik

| algemas (f pl) | лисице (мн) | lísice |
| algemar (vt) | ставити лисице | stáviti lísice |

fuga, evasão (f)	бекство (c)	békstvo
fugir (vi)	побећи (нг)	póbeći
desaparecer (vi)	ишчезнути (нг)	íščeznuti
soltar, libertar (vt)	ослободити (пг)	oslobóditi

amnistia (f)	амнестија (ж)	amnéstija
polícia (instituição)	полиција (ж)	polícija
polícia (m)	полицајац (м)	policájac
esquadra (f) de polícia	полицијска станица (ж)	polícijska stánica
cassetete (m)	пендрек (м)	péndrek
megafone (m)	мегафон (м)	mégafon
carro (m) de patrulha	патролна кола (ж)	pátrolna kóla
sirene (f)	сирена (ж)	siréna
ligar a sirene	укључити сирену	uključiti sirénu
toque (m) da sirene	звук (м) сирене	zvuk siréne
cena (f) do crime	место (с) жлочина	mésto žlóčina
testemunha (f)	сведок (м)	svédok
liberdade (f)	слобода (ж)	slobóda
cúmplice (m)	саучесник (м)	sáučesnik
escapar (vi)	побећи (нг)	póbeći
traço (não deixar ~s)	траг (м)	trag

163. Polícia. Lei. Parte 2

procura (f)	потрага (ж)	pótraga
procurar (vt)	тражити (нг)	trážiti
suspeita (f)	сумња (ж)	súmnja
suspeito	сумњив	súmnjiv
parar (vt)	зауставити (нг)	zaústaviti
deter (vt)	задржати (нг)	zadržati
caso (criminal)	кривични предмет (м)	krívični prédmet
investigação (f)	истрага (ж)	ístraga
detetive (m)	детектив (м)	detéktiv
investigador (m)	истражитељ (м)	istrážitelj
versão (f)	верзија (ж)	vérzija
motivo (m)	мотив (м)	mótiv
interrogatório (m)	саслушавање (с)	saslušávanje
interrogar (vt)	саслушати (нг)	sáslušati
questionar (vt)	испитивати (нг)	ispitívati
verificação (f)	провера (ж)	próvera
batida (f) policial	рација (ж)	rácija
busca (f)	претрес (м)	prétres
perseguição (f)	потера (ж)	pótera
perseguir (vt)	гонити (нг)	góniti
seguir (vt)	пратити (нг)	prátiti
prisão (f)	хапшење (с)	hápšenje
prender (vt)	ухапсити (нг)	úhapsiti
pegar, capturar (vt)	ухватити (нг)	úhvatiti
captura (f)	хватање, хапшење (с)	hvátanje, hápšenje
documento (m)	докуменат (м)	dokúmenat
prova (f)	доказ (м)	dókaz
provar (vt)	доказивати (нг)	dokazívati

pegada (f)	отисак (м) стопала	ótisak stópala
impressões (f pl) digitais	отисци (мн) прстију	ótisci pŕstiju
prova (f)	доказ (м)	dókaz

álibi (m)	алиби (м)	álibi
inocente	недужан	nédužan
injustiça (f)	неправда (ж)	népravda
injusto	неправедан	népravedan

criminal	криминалан	kríminalan
confiscar (vt)	конфисковати (пг)	kónfiskovati
droga (f)	дрога (ж)	dróga
arma (f)	оружје (с)	óružje
desarmar (vt)	разоружати (пг)	razorúžati
ordenar (vt)	наређивати (пг)	naređívati
desaparecer (vi)	ишчезнути (нг)	íščeznuti

lei (f)	закон (м)	zákon
legal	законит	zákonit
ilegal	незаконит	nezákonit

| responsabilidade (f) | одговорност (ж) | odgovórnost |
| responsável | одговоран | ódgovoran |

NATUREZA

A Terra. Parte 1

164. Espaço sideral

cosmos (m)	свемир (м)	svémir
cósmico	космички	kósmički
espaço (m) cósmico	свемирски простор (м)	svémirski próstor
mundo (m)	свет (м)	svet
universo (m)	универзум (м)	univérzum
galáxia (f)	галаксија (ж)	galáksija
estrela (f)	звезда (ж)	zvézda
constelação (f)	сазвежђе (с)	sázvežđe
planeta (m)	планета (ж)	planéta
satélite (m)	сателит (м)	satélit
meteorito (m)	метеорит (м)	meteórit
cometa (m)	комета (ж)	kométa
asteroide (m)	астероид (м)	asteróid
órbita (f)	путања, орбита (ж)	pútanja, órbita
girar (vi)	окретати се	okrétati se
atmosfera (f)	атмосфера (ж)	atmosféra
Sol (m)	Сунце (с)	Súnce
Sistema (m) Solar	Сунчев систем (м)	Súnčev sístem
eclipse (m) solar	Помрачење (с) Сунца	Pomračénje Súnca
Terra (f)	Земља (ж)	Zémlja
Lua (f)	Месец (м)	Mésec
Marte (m)	Марс (м)	Mars
Vénus (f)	Венера (ж)	Venéra
Júpiter (m)	Јупитер (м)	Júpiter
Saturno (m)	Сатурн (м)	Sáturn
Mercúrio (m)	Меркур (м)	Mérkur
Urano (m)	Уран (м)	Uran
Neptuno (m)	Нептун (м)	Néptun
Plutão (m)	Плутон (м)	Plúton
Via Láctea (f)	Млечни пут (м)	Mléčni put
Ursa Maior (f)	Велики медвед (м)	Véliki médved
Estrela Polar (f)	Северњача (ж)	Sevérnjača
marciano (m)	марсовац (м)	marsóvac
extraterrestre (m)	ванземаљац (м)	vanzemáljac

| alienígena (m) | свемирац (м) | svemírac |
| disco (m) voador | летећи тањир (м) | léteći tánjir |

nave (f) espacial	свемирски брод (м)	svémirski brod
estação (f) orbital	орбитална станица (ж)	órbitalna stánica
lançamento (m)	лансирање (c)	lánsiranje

motor (m)	мотор (м)	mótor
bocal (m)	млазница (ж)	mláznica
combustível (m)	гориво (c)	górivo

cabine (f)	кабина (ж)	kabína
antena (f)	антена (ж)	anténa
vigia (f)	бродски прозор (м)	bródski prózor
bateria (f) solar	соларни панел (м)	sólarni pánel
traje (m) espacial	скафандар (м)	skafándar

| imponderabilidade (f) | бестежинско стање (c) | béstežinsko stánje |
| oxigénio (m) | кисеоник (м) | kiseónik |

| acoplagem (f) | пристајање (c) | prístajanje |
| fazer uma acoplagem | спајати се (нг) | spájati se |

observatório (m)	опсерваторија (ж)	opservatórija
telescópio (m)	телескоп (м)	téleskop
observar (vt)	посматрати (нг)	posmátrati
explorar (vt)	истраживати (пг)	istražívati

165. A Terra

Terra (f)	Земља (ж)	Zémlja
globo terrestre (Terra)	земљина кугла (ж)	zémljina kúgla
planeta (m)	планета (ж)	planéta

atmosfera (f)	атмосфера (ж)	atmosféra
geografia (f)	географија (ж)	geográfija
natureza (f)	природа (ж)	príroda

globo (mapa esférico)	глобус (м)	glóbus
mapa (m)	мапа (ж)	mápa
atlas (m)	атлас (м)	átlas

| Europa (f) | Европа (ж) | Evrópa |
| Ásia (f) | Азија (ж) | Ázija |

| África (f) | Африка (ж) | Áfrika |
| Austrália (f) | Аустралија (ж) | Austrálija |

América (f)	Америка (ж)	Amérika
América (f) do Norte	Северна Америка (ж)	Séverna Amérika
América (f) do Sul	Јужна Америка (ж)	Júžna Amérika

| Antártida (f) | Антарктик (м) | Antárktik |
| Ártico (m) | Арктик (м) | Árktik |

166. Pontos cardeais

norte (m)	север (м)	séver
para norte	према северу	préma séveru
no norte	на северу	na séveru
do norte	северни	séverni
sul (m)	југ (м)	jug
para sul	према југу	préma júgu
no sul	на југу	na júgu
do sul	јужни	júžni
oeste, ocidente (m)	запад (м)	západ
para oeste	према западу	préma západu
no oeste	на западу	na západu
ocidental	западни	západni
leste, oriente (m)	исток (м)	ístok
para leste	према истоку	préma ístoku
no leste	на истоку	na ístoku
oriental	источни	ístočni

167. Mar. Oceano

mar (m)	море (с)	móre
oceano (m)	океан (м)	okéan
golfo (m)	залив (м)	záliv
estreito (m)	мореуз (м)	móreuz
terra (f) firme	копно (с)	kópno
continente (m)	континент (м)	kontínent
ilha (f)	острво (с)	óstrvo
península (f)	полуострво (с)	poluóstrvo
arquipélago (m)	архипелаг (м)	arhipélag
baía (f)	залив (м)	záliv
porto (m)	лука (ж)	lúka
lagoa (f)	лагуна (ж)	lagúna
cabo (m)	рт (м)	ŕt
atol (m)	атол (м)	átol
recife (m)	гребен (м)	grében
coral (m)	корал (м)	kóral
recife (m) de coral	коралски гребен (м)	kóralni grében
profundo	дубок	dúbok
profundidade (f)	дубина (ж)	dubína
abismo (m)	бездан (м)	bézdan
fossa (f) oceânica	ров (м)	rov
corrente (f)	струја (ж)	strúja
banhar (vt)	окруживати (нг)	okružívati
litoral (m)	обала (ж)	óbala

costa (f)	обала (ж)	óbala
maré (f) alta	плима (ж)	plíma
refluxo (m), maré (f) baixa	осека (ж)	óseka
restinga (f)	плићак (м)	plíćak
fundo (m)	дно (с)	dno
onda (f)	талас (м)	tálas
crista (f) da onda	гребен (м) таласа	grében talasá
espuma (f)	пена (ж)	péna
tempestade (f)	морска олуја (ж)	mórska olúja
furacão (m)	ураган (м)	úragan
tsunami (m)	цунами (м)	cunámi
calmaria (f)	безветрица (ж)	bézvetrica
calmo	миран	míran
polo (m)	пол (м)	pol
polar	поларни	pólarni
latitude (f)	ширина (ж)	širína
longitude (f)	дужина (ж)	dužína
paralela (f)	паралела (ж)	paraléla
equador (m)	екватор (м)	ékvator
céu (m)	небо (с)	nébo
horizonte (m)	хоризонт (м)	horízont
ar (m)	ваздух (м)	vázduh
farol (m)	светионик (м)	svetiónik
mergulhar (vi)	ронити (нг)	róniti
afundar-se (vr)	потонути (нг)	potónuti
tesouros (m pl)	благо (с)	blágo

168. Montanhas

montanha (f)	планина (ж)	planína
cordilheira (f)	планински венац (м)	pláninski vénac
serra (f)	планински гребен (м)	pláninski grében
cume (m)	врх (м)	vŕh
pico (m)	планиски врх (м)	plániski vŕh
sopé (m)	подножје (с)	pódnožje
declive (m)	нагиб (м), падина (ж)	nágib, pádina
vulcão (m)	вулкан (м)	vúlkan
vulcão (m) ativo	активни вулкан (м)	áktivni vúlkan
vulcão (m) extinto	угашени вулкан (м)	úgašeni vúlkan
erupção (f)	ерупција (ж)	erúpcija
cratera (f)	кратер (м)	kráter
magma (m)	магма (ж)	mágma
lava (f)	лава (ж)	láva
fundido (lava ~a)	врућ	vruć
desfiladeiro (m)	кањон (м)	kánjon

garganta (f)	клисура (ж)	klisúra
fenda (f)	пукотина (ж)	púkotina
precipício (m)	амбис, понор (м)	ámbis, pónor
passo, colo (m)	превој (м)	prévoj
planalto (m)	висораван (ж)	vísoravan
falésia (f)	литица (ж)	lítica
colina (f)	брег (м)	breg
glaciar (m)	леденик (м)	ledénik
queda (f) d'água	водопад (м)	vódopad
géiser (m)	гејзер (м)	géjzer
lago (m)	језеро (c)	jézero
planície (f)	равница (ж)	ravníca
paisagem (f)	пејзаж (м)	péjzaž
eco (m)	одјек (м)	ódjek
alpinista (m)	планинар (м)	planínar
escalador (m)	алпиниста (м)	alpinísta
conquistar (vt)	освајати (пг)	osvájati
subida, escalada (f)	пењање (c)	pénjanje

169. Rios

rio (m)	река (ж)	réka
fonte, nascente (f)	извор (м)	ízvor
leito (m) do rio	корито (c)	kórito
bacia (f)	слив (м)	sliv
desaguar no ...	уливати се	ulívati se
afluente (m)	притока (ж)	prítoka
margem (do rio)	обала (ж)	óbala
corrente (f)	ток (м)	tok
rio abaixo	низводно	nízvodno
rio acima	узводно	úzvodno
inundação (f)	поплава (ж)	póplava
cheia (f)	поводањ (м)	póvodanj
transbordar (vi)	изливати се	izlívati se
inundar (vt)	преплавити (пг)	prepláviti
banco (m) de areia	плићак (м)	plíćak
rápidos (m pl)	брзак (м)	bŕzak
barragem (f)	брана (ж)	brána
canal (m)	канал (м)	kánal
reservatório (m) de água	вештачко језеро (c)	véštačko jézero
eclusa (f)	преводница (ж)	prévodnica
corpo (m) de água	резервоар (м)	rezervóar
pântano (m)	мочвара (ж)	móčvara
tremedal (m)	баруштина (ж)	báruština

remoinho (m)	вртлог (м)	vŕtlog
arroio, regato (m)	поток (м)	pótok
potável	питка	pítka
doce (água)	слатка	slátka

| gelo (m) | лед (м) | led |
| congelar-se (vr) | смрзнути се | smŕznuti se |

170. Floresta

| floresta (f), bosque (m) | шума (ж) | šúma |
| florestal | шумски | šúmski |

mata (f) cerrada	честар (м)	čéstar
arvoredo (m)	шумарак (м)	šumárak
clareira (f)	пропланак (м)	próplanak

| matagal (m) | шипраг (м), шикара (ж) | šíprag, šíkara |
| mato (m) | жбуње (с) | žbúnje |

| vereda (f) | стаза (ж) | stáza |
| ravina (f) | јаруга (ж) | járuga |

árvore (f)	дрво (с)	dŕvo
folha (f)	лист (м)	list
folhagem (f)	лишће (с)	líšće

queda (f) das folhas	листопад (м)	lístopad
cair (vi)	опадати (нг)	ópadati
topo (m)	врх (м)	vŕh

ramo (m)	грана (ж)	grána
galho (m)	грана (ж)	grána
botão, rebento (m)	пупољак (м)	púpoljak
agulha (f)	иглица (ж)	íglica
pinha (f)	шишарка (ж)	šíšarka

buraco (m) de árvore	дупља (ж)	dúplja
ninho (m)	гнездо (с)	gnézdo
toca (f)	јазбина, рупа (ж)	jázbina, rúpa

tronco (m)	стабло (с)	stáblo
raiz (f)	корен (м)	kóren
casca (f) de árvore	кора (ж)	kóra
musgo (m)	маховина (ж)	máhovina

arrancar pela raiz	крчити (пг)	kŕčiti
cortar (vt)	сећи (пг)	séći
desflorestar (vt)	крчити шуму	krčiti šúmu
toco, cepo (m)	пањ (м)	panj

fogueira (f)	логорска ватра (ж)	lógorska vátra
incêndio (m) florestal	шумски пожар (м)	šúmski póžar
apagar (vt)	гасити (пг)	gásiti

guarda-florestal (m)	шумар (м)	šúmar
proteção (f)	заштита (ж)	záštita
proteger (a natureza)	штитити (nr)	štítiti
caçador (m) furtivo	ловокрадица (м)	lovokrádica
armadilha (f)	замка (ж)	zámka

| colher (cogumelos, bagas) | брати (пr) | bráti |
| perder-se (vr) | залутати (нr) | zalútati |

171. Recursos naturais

recursos (m pl) naturais	природна богатства (мн)	prírodna bógatstva
minerais (m pl)	рудна богатства (мн)	rúdna bógatstva
depósitos (m pl)	лежишта (мн)	léžišta
jazida (f)	налазиште (c)	nálazište

extrair (vt)	добијати (пr)	dobíjati
extração (f)	добијање (c)	dobíjanje
minério (m)	руда (ж)	rúda
mina (f)	рудник (м)	rúdnik
poço (m) de mina	рударско окно (c)	rúdarsko ókno
mineiro (m)	рудар (м)	rúdar

| gás (m) | гас (м) | gas |
| gasoduto (m) | плиновод (м) | plínovod |

petróleo (m)	нафта (ж)	náfta
oleoduto (m)	нафтовод (м)	náftovod
poço (m) de petróleo	нафтна бушотина (ж)	náftna búšotina
torre (f) petrolífera	нафтна платформа (ж)	náftna plátforma
petroleiro (m)	танкер (м)	tánker

areia (f)	песак (м)	pésak
calcário (m)	кречњак (м)	kréčnjak
cascalho (m)	шљунак (м)	šljúnak
turfa (f)	тресет (м)	tréset
argila (f)	глина (ж)	glína
carvão (m)	угаљ (м)	úgalj

ferro (m)	гвожђе (c)	gvóžđe
ouro (m)	злато (c)	zláto
prata (f)	сребро (c)	srébro
níquel (m)	никл (м)	nikl
cobre (m)	бакар (м)	bákar

zinco (m)	цинк (м)	cink
manganês (m)	манган (м)	mángan
mercúrio (m)	жива (ж)	žíva
chumbo (m)	олово (c)	ólovo

mineral (m)	минерал (м)	míneral
cristal (m)	кристал (м)	krístal
mármore (m)	мермер, мрамор (м)	mérmer, mrámor
urânio (m)	уран (м)	úran

A Terra. Parte 2

tempo (m)	време (с)	vréme
previsão (f) do tempo	временска прогноза (ж)	vrémenska prognóza
temperatura (f)	температура (ж)	temperatúra
termómetro (m)	термометар (м)	térmometar
barómetro (m)	барометар (м)	bárometar
húmido	влажан	vlážan
humidade (f)	влажност (ж)	vlážnost
calor (m)	вруħина (ж)	vrućína
cálido	вруħ	vrúć
está muito calor	вруħе је	vrúće je
está calor	топло је	tóplo je
quente	топао	tópao
está frio	хладно је	hládno je
frio	хладан	hládan
sol (m)	сунце (с)	súnce
brilhar (vi)	сијати (нг)	síjati
de sol, ensolarado	сунчан	súnčan
nascer (vi)	изаħи (нг)	ízaći
pôr-se (vr)	заħи (нг)	záći
nuvem (f)	облак (м)	óblak
nublado	облачан	óblačan
nuvem (f) preta	кишни облак (м)	kíšni óblak
escuro, cinzento	тмуран	tmúran
chuva (f)	киша (ж)	kíša
está a chover	пада киша	páda kíša
chuvoso	кишовит	kišóvit
chuviscar (vi)	сипити (нг)	sípiti
chuva (f) torrencial	пљусак (м)	pljúsak
chuvada (f)	пљусак (м)	pljúsak
forte (chuva)	јак	jak
poça (f)	бара (ж)	bára
molhar-se (vr)	покиснути (нг)	pókisnuti
nevoeiro (m)	магла (ж)	mágla
de nevoeiro	магловит	maglóvit
neve (f)	снег (м)	sneg
está a nevar	пада снег	páda sneg

173. Tempo extremo. Catástrofes naturais

trovoada (f)	олуја (ж)	olúja
relâmpago (m)	муња (ж)	múnja
relampejar (vi)	севати (нг)	sévati
trovão (m)	гром (м)	grom
trovejar (vi)	грмети (нг)	gŕmeti
está a trovejar	грми	gŕmi
granizo (m)	град (м)	grad
está a cair granizo	пада град	páda grad
inundar (vt)	поплавити (пг)	póplaviti
inundação (f)	поплава (ж)	póplava
terremoto (m)	земљотрес (м)	zémljotres
abalo, tremor (m)	потрес (м)	pótres
epicentro (m)	епицентар (м)	epicéntar
erupção (f)	ерупција (ж)	erúpcija
lava (f)	лава (ж)	láva
turbilhão (m)	вихор (м)	víhor
tornado (m)	торнадо (м)	tórnado
tufão (m)	тајфун (м)	tájfun
furacão (m)	ураган (м)	úragan
tempestade (f)	олуја (ж)	olúja
tsunami (m)	цунами (м)	cunámi
ciclone (m)	циклон (м)	cíklon
mau tempo (m)	невреме (с)	névreme
incêndio (m)	пожар (м)	póžar
catástrofe (f)	катастрофа (ж)	katastrófa
meteorito (m)	метеорит (м)	meteórit
avalanche (f)	лавина (ж)	lávina
deslizamento (m) de neve	усов (м)	úsov
nevasca (f)	мећава (ж)	méćava
tempestade (f) de neve	мећава, вејавица (ж)	méćava, véjavica

Fauna

174. Mamíferos. Predadores

predador (m)	предатор, грабљивац (м)	prédator, grábljivac
tigre (m)	тигар (м)	tígar
leão (m)	лав (м)	lav
lobo (m)	вук (м)	vuk
raposa (f)	лисица (ж)	lísica
jaguar (m)	јагуар (м)	jáguar
leopardo (m)	леопард (м)	léopard
chita (f)	гепард (м)	gépard
pantera (f)	пантер (м)	pánter
puma (m)	пума (ж)	púma
leopardo-das-neves (m)	снежни леопард (м)	snéžni léopard
lince (m)	рис (м)	ris
coiote (m)	којот (м)	kójot
chacal (m)	шакал (м)	šákal
hiena (f)	хијена (ж)	hijéna

175. Animais selvagens

animal (m)	животиња (ж)	živótinja
besta (f)	звер (м)	zver
esquilo (m)	веверица (ж)	véverica
ouriço (m)	јеж (м)	jež
lebre (f)	зец (м)	zec
coelho (m)	кунић (м)	kúnić
texugo (m)	јазавац (м)	jázavac
guaxinim (m)	ракун (м)	rákun
hamster (m)	хрчак (м)	hŕčak
marmota (f)	мрмот (м)	mŕmot
toupeira (f)	кртица (ж)	kŕtica
rato (m)	миш (ж)	miš
ratazana (f)	пацов (м)	pácov
morcego (m)	слепи миш (м)	slépi miš
arminho (m)	хермелин (м)	hérmelin
zibelina (f)	самур (м)	sámur
marta (f)	куна (ж)	kúna
doninha (f)	ласица (ж)	lásica
vison (m)	нерц, визон (м)	nerc, vízon

163

| castor (m) | дабар (м) | dábar |
| lontra (f) | видра (ж) | vídra |

cavalo (m)	коњ (м)	konj
alce (m)	лос (м)	los
veado (m)	јелен (м)	jélen
camelo (m)	камила (ж)	kámila

bisão (m)	бизон (м)	bízon
auroque (m)	зубар (м)	zúbar
búfalo (m)	бивол (м)	bívol

zebra (f)	зебра (ж)	zébra
antílope (m)	антилопа (ж)	antilópa
corça (f)	срна (ж)	sŕna
gamo (m)	јелен лопатар (м)	jélen lópatar
camurça (f)	дивокоза (ж)	dívokoza
javali (m)	вепар (м)	vépar

baleia (f)	кит (м)	kit
foca (f)	фока (ж)	fóka
morsa (f)	морж (м)	morž
urso-marinho (m)	фока (ж)	fóka
golfinho (m)	делфин (м)	délfin

urso (m)	медвед (м)	médved
urso (m) branco	бели медвед (м)	béli médved
panda (m)	панда (ж)	pánda

macaco (em geral)	мајмун (м)	májmun
chimpanzé (m)	шимпанза (ж)	šimpánza
orangotango (m)	орангутан (м)	orangútan
gorila (m)	горила (ж)	goríla
macaco (m)	макаки (м)	makáki
gibão (m)	гибон (м)	gíbon

elefante (m)	слон (м)	slon
rinoceronte (m)	носорог (м)	nósorog
girafa (f)	жирафа (ж)	žiráfa
hipopótamo (m)	нилски коњ (м)	nílski konj

| canguru (m) | кенгур (м) | kéngur |
| coala (m) | коала (ж) | koála |

mangusto (m)	мунгос (м)	múngos
chinchila (m)	чинчила (ж)	čínčila
doninha-fedorenta (f)	твор (м)	tvor
porco-espinho (m)	дикобраз (м)	díkobraz

176. Animais domésticos

gata (f)	мачка (ж)	máčka
gato (m) macho	мачак (м)	máčak
cão (m)	пас (м)	pas

cavalo (m)	коњ (м)	konj
garanhão (m)	ждребац (м)	ždrébac
égua (f)	кобила (ж)	kóbila

vaca (f)	крава (ж)	kráva
touro (m)	бик (м)	bik
boi (m)	во (м)	vo

ovelha (f)	овца (ж)	óvca
carneiro (m)	ован (м)	óvan
cabra (f)	коза (ж)	kóza
bode (m)	јарац (м)	járac

| burro (m) | магарац (м) | mágarac |
| mula (f) | мазга (ж) | mázga |

porco (m)	свиња (ж)	svínja
leitão (m)	прасе (с)	práse
coelho (m)	кунић, домаћи зец (м)	kúnić, dómaći zec

| galinha (f) | кокош (ж) | kókoš |
| galo (m) | певац (м) | pévac |

pata (f)	патка (ж)	pátka
pato (macho)	патак (м)	pátak
ganso (m)	гуска (ж)	gúska

| peru (m) | ћуран (м) | ćúran |
| perua (f) | ћурка (ж) | ćúrka |

animais (m pl) domésticos	домаће животиње (мн)	domáće životinje
domesticado	питом	pítom
domesticar (vt)	припитомљивати (пг)	pripitomljívati
criar (vt)	узгајати (пг)	uzgájati

quinta (f)	фарма (ж)	fárma
aves (f pl) domésticas	живина (ж)	živína
gado (m)	стока (ж)	stóka
rebanho (m), manada (f)	стадо (с)	stádo

estábulo (m)	штала (ж)	štála
pocilga (f)	свињац (м)	svínjac
estábulo (m)	стаја (ж)	stája
coelheira (f)	зечињак (м)	zéčinjak
galinheiro (m)	кокошињац (м)	kókošinjac

177. Cães. Raças de cães

cão (m)	пас (м)	pas
cão pastor (m)	овчар (м)	óvčar
pastor-alemão (m)	немачки овчар (м)	némački óvčar
caniche (m)	пудла (ж)	púdla
teckel (m)	јазавичар (м)	jázavičar
buldogue (m)	булдог (м)	búldog

boxer (m)	боксер (м)	bókser
mastim (m)	мастиф (м)	mástif
rottweiler (m)	ротвајлер (м)	rótvajler
dobermann (m)	доберман (м)	dóberman

basset (m)	басет (м)	báset
pastor inglês (m)	бобтејл (м)	bóbtejl
dálmata (m)	далматинац (м)	dalmatínac
cocker spaniel (m)	кокер шпанијел (м)	kóker špánijel

| terra-nova (m) | њуфаундленд (м) | njufáundlend |
| são-bernardo (m) | бернардинац (м) | bernardínac |

husky (m)	хаски (м)	háski
Chow-chow (m)	чау-чау (м)	čáu-čáu
spitz alemão (m)	шпиц (м)	špic
carlindogue (m)	мопс (м)	mops

178. Sons produzidos pelos animais

latido (m)	лавеж (м)	lávež
latir (vi)	лајати (нг)	lájati
miar (vi)	маукати (нг)	maúkati
ronronar (vi)	прести (нг)	présti

mugir (vaca)	мукати (нг)	múkati
bramir (touro)	рикати (нг)	ríkati
rosnar (vi)	режати (нг)	réžati

uivo (m)	завијање (с)	zavijanje
uivar (vi)	завијати (нг)	zavijati
ganir (vi)	цвилети (нг)	cvíleti

balir (vi)	блејати (нг)	bléjati
grunhir (porco)	гроктати (нг)	gróktati
guinchar (vi)	вриштати (нг)	vríštati

coaxar (sapo)	крекетати (нг)	krekétati
zumbir (inseto)	зујати (нг)	zújati
estridular, ziziar (vi)	цврчати (нг)	cvŕčati

179. Pássaros

pássaro (m), ave (f)	птица (ж)	ptíca
pombo (m)	голуб (м)	gólub
pardal (m)	врабац (м)	vrábac
chapim-real (m)	сеница (ж)	sénica
pega-rabuda (f)	сврака (ж)	svráka

corvo (m)	гавран (м)	gávran
gralha (f) cinzenta	врана (ж)	vrána
gralha-de-nuca-cinzenta (f)	чавка (ж)	čávka

gralha-calva (f)	гачац (м)	gáčac
pato (m)	патка (ж)	pátka
ganso (m)	гуска (ж)	gúska
faisão (m)	фазан (м)	fázan
águia (f)	орао (м)	órao
açor (m)	јастреб (м)	jástreb
falcão (m)	соко (м)	sóko
abutre (m)	суп (м)	sup
condor (m)	кондор (м)	kóndor
cisne (m)	лабуд (м)	lábud
grou (m)	ждрал (м)	ždral
cegonha (f)	рода (ж)	róda
papagaio (m)	папагај (м)	papágaj
beija-flor (m)	колибри (м)	kolíbri
pavão (m)	паун (м)	páun
avestruz (m)	ној (м)	noj
garça (f)	чапља (ж)	čáplja
flamingo (m)	фламинго (м)	flamíngo
pelicano (m)	пеликан (м)	pelíkan
rouxinol (m)	славуј (м)	slávuj
andorinha (f)	ласта вица (ж)	lástavica
tordo-zornal (m)	дрозд (м)	drozd
tordo-músico (m)	дрозд певач (м)	drozd peváč
melro-preto (m)	кос (м)	kos
andorinhão (m)	брегуница (ж)	brégunica
cotovia (f)	шева (ж)	šéva
codorna (f)	препелица (ж)	prépelica
pica-pau (m)	детлић (м)	détlić
cuco (m)	кукавица (ж)	kúkavica
coruja (f)	сова (ж)	sóva
corujão, bufo (m)	совуљага (ж)	sovúljaga
tetraz-grande (m)	велики тетреб (м)	véliki tétreb
tetraz-lira (m)	мали тетреб (м)	máli tétreb
perdiz-cinzenta (f)	јаребица (ж)	jarébica
estorninho (m)	чворак (м)	čvórak
canário (m)	канаринац (м)	kanarínac
galinha-do-mato (f)	лештарка (ж)	léštarka
tentilhão (m)	зеба (ж)	zéba
dom-fafe (m)	зимовка (ж)	zímovka
gaivota (f)	галеб (м)	gáleb
albatroz (m)	албатрос (м)	álbatros
pinguim (m)	пингвин (м)	píngvin

180. Pássaros. Canto e sons

cantar (vi)	певати (нг, пг)	pévati
gritar (vi)	викати (нг)	víkati
cantar (o galo)	кукурикати (нг)	kukuríkati
cocorocó (m)	кукурику	kukuríku
cacarejar (vi)	кокодакати (нг)	kokodákati
crocitar (vi)	грактати (нг)	gráktati
grasnar (vi)	гакати (нг)	gákati
piar (vi)	пиштати (нг)	píštati
chilrear, gorjear (vi)	цвркутати (нг)	cvrkútati

181. Peixes. Animais marinhos

brema (f)	деверика (ж)	devérika
carpa (f)	шаран (м)	šáran
perca (f)	гргеч (м)	gŕgeč
siluro (m)	сом (м)	som
lúcio (m)	штука (ж)	štúka
salmão (m)	лосос (м)	lósos
esturjão (m)	јесетра (ж)	jésetra
arenque (m)	харинга (ж)	háringa
salmão (m)	атлантски лосос (м)	átlantski lósos
cavala, sarda (f)	скуша (ж)	skúša
solha (f)	лист (м)	list
lúcio perca (m)	смуђ (м)	smuđ
bacalhau (m)	бакалар (м)	bakálar
atum (m)	туна (ж), туњ (м)	tuna, tunj
truta (f)	пастрмка (ж)	pástrmka
enguia (f)	јегуља (ж)	jégulja
raia elétrica (f)	ража (ж)	ráža
moreia (f)	мурина (ж)	múrina
piranha (f)	пирана (ж)	pirána
tubarão (m)	ајкула (ж)	ájkula
golfinho (m)	делфин (м)	délfin
baleia (f)	кит (м)	kit
caranguejo (m)	краба (ж)	krába
medusa, alforreca (f)	медуза (ж)	medúza
polvo (m)	хоботница (ж)	hóbotnica
estrela-do-mar (f)	морска звезда (ж)	mórska zvézda
ouriço-do-mar (m)	морски јеж (м)	mórski jež
cavalo-marinho (m)	морски коњић (м)	mórski kónjić
ostra (f)	острига (ж)	óstriga
camarão (m)	шкамп (м)	škamp

| lavagante (m) | хлап (м) | hlap |
| lagosta (f) | јастог (м) | jástog |

182. Amfíbios. Répteis

| serpente, cobra (f) | змија (ж) | zmíja |
| venenoso | отрован | ótrovan |

víbora (f)	шарка (ж)	šárka
cobra-capelo, naja (f)	кобра (ж)	kóbra
pitão (m)	питон (м)	píton
jiboia (f)	удав (м)	údav

cobra-de-água (f)	белоушка (ж)	beloúška
cascavel (f)	звечарка (ж)	zvéčarka
anaconda (f)	анаконда (ж)	anakónda

lagarto (m)	гуштер (м)	gúšter
iguana (f)	игуана (ж)	iguána
varano (m)	варан (м)	váran
salamandra (f)	даждевњак (м)	daždévnjak
camaleão (m)	камелеон (м)	kaméleon
escorpião (m)	шкорпија (ж)	škórpija

tartaruga (f)	корњача (ж)	kórnjača
rã (f)	жаба (ж)	žába
sapo (m)	крастача (ж)	krástača
crocodilo (m)	крокодил (м)	krokódil

183. Insetos

inseto (m)	инсект (м)	ínsekt
borboleta (f)	лептир (м)	léptir
formiga (f)	мрав (м)	mrav
mosca (f)	мува (ж)	múva
mosquito (m)	комарац (м)	komárac
escaravelho (m)	буба (ж)	búba

vespa (f)	оса (ж)	ósa
abelha (f)	пчела (ж)	pčéla
mamangava (f)	бумбар (м)	búmbar
moscardo (m)	обад (м)	óbad

| aranha (f) | паук (м) | páuk |
| teia (f) de aranha | паучина (ж) | páučina |

libélula (f)	вилин коњиц (м)	vílin kónjic
gafanhoto-do-campo (m)	скакавац (м)	skákavac
traça (f)	мољац (м)	móljac

| barata (f) | бубашваба (ж) | bubašvába |
| carraça (f) | крпељ (м) | kŕpelj |

169

pulga (f)	бува (ж)	búva
borrachudo (m)	мушица (ж)	múšica
gafanhoto (m)	миграторни скакавац (м)	mígratorni skákavac
caracol (m)	пуж (м)	puž
grilo (m)	цврчак (м)	cvŕčak
pirilampo (m)	свитац (м)	svítac
joaninha (f)	бубамара (ж)	bubamára
besouro (m)	гундељ (м)	gúndelj
sanguessuga (f)	пијавица (ж)	píjavica
lagarta (f)	гусеница (ж)	gúsenica
minhoca (f)	црв (м)	cŕv
larva (f)	ларва (ж)	lárva

184. Animais. Partes do corpo

bico (m)	кљун (м)	kljun
asas (f pl)	крила (мн)	kríla
pata (f)	нога (ж)	nóga
plumagem (f)	перје (с)	pérje
pena, pluma (f)	перо (с)	péro
crista (f)	креста (ж)	krésta
brânquias, guelras (f pl)	шкрге (мн)	škŕge
ovas (f pl)	икра (ж)	íkra
larva (f)	личинка (ж)	líčinka
barbatana (f)	пераје (ж)	peráje
escama (f)	крљушт (ж)	kŕljušt
canino (m)	очњак (м)	óčnjak
pata (f)	шапа (ж)	šápa
focinho (m)	њушка (ж)	njúška
boca (f)	чељуст (ж)	čéljust
cauda (f), rabo (m)	реп (м)	rep
bigodes (m pl)	бркови (мн)	bŕkovi
casco (m)	копито (с)	kópito
corno (m)	рог (м)	rog
carapaça (f)	оклоп (м)	óklop
concha (f)	шкољка (ж)	škóljka
casca (f) de ovo	љуска (ж)	ljúska
pelo (m)	вуна (ж)	vúna
pele (f), couro (m)	кожа (ж)	kóža

185. Animais. Habitats

hábitat	станиште (с)	stánište
migração (f)	миграција (ж)	migrácija
montanha (f)	планина (ж)	planína

| recife (m) | гребен (м) | grében |
| falésia (f) | литица (ж) | lítica |

floresta (f)	шума (ж)	šúma
selva (f)	џунгла (ж)	džúngla
savana (f)	савана (ж)	savána
tundra (f)	тундра (ж)	túndra

estepe (f)	степа (ж)	stépa
deserto (m)	пустиња (ж)	pústinja
oásis (m)	оаза (ж)	oáza

mar (m)	море (с)	móre
lago (m)	језеро (с)	jézero
oceano (m)	океан (м)	okéan

pântano (m)	мочвара (ж)	móčvara
de água doce	слатководни	slátkovodni
lagoa (f)	језерце (с)	jézerce
rio (m)	река (ж)	réka

toca (f) do urso	брлог (м)	bŕlog
ninho (m)	гнездо (с)	gnézdo
buraco (m) de árvore	дупља (ж)	dúplja
toca (f)	јазбина, рупа (ж)	jázbina, rúpa
formigueiro (m)	мравињак (м)	mrávinjak

Flora

árvore (f)	дрво (c)	dŕvo
decídua	листопадно	lístopadno
conífera	четинарско	čétinarsko
perene	зимзелено	zímzeleno
macieira (f)	јабука (ж)	jábuka
pereira (f)	крушка (ж)	krúška
cerejeira (f)	трешња (ж)	tréšnja
ginjeira (f)	вишња (ж)	víšnja
ameixeira (f)	шљива (ж)	šljíva
bétula (f)	бреза (ж)	bréza
carvalho (m)	храст (м)	hrast
tília (f)	липа (ж)	lípa
choupo-tremedor (m)	јасика (ж)	jásika
bordo (m)	јавор (м)	jávor
espruce-europeu (m)	јела (ж)	jéla
pinheiro (m)	бор (м)	bor
alerce, lariço (m)	ариш (м)	áriš
abeto (m)	јела (ж)	jéla
cedro (m)	кедар (м)	kédar
choupo, álamo (m)	топола (ж)	topóla
tramazeira (f)	јаребика (ж)	járebika
salgueiro (m)	врба (ж)	vŕba
amieiro (m)	јова (ж)	jóva
faia (f)	буква (ж)	búkva
ulmeiro (m)	брест (м)	brest
freixo (m)	јасен (м)	jásen
castanheiro (m)	кестен (м)	késten
magnólia (f)	магнолија (ж)	magnólija
palmeira (f)	палма (ж)	pálma
cipreste (m)	чемпрес (м)	čémpres
mangue (m)	мангрово дрво (c)	mángrovo dŕvo
embondeiro, baobá (m)	баобаб (м)	báobab
eucalipto (m)	еукалиптус (м)	eukalíptus
sequoia (f)	секвоја (ж)	sekvója

arbusto (m)	грм, жбун (м)	gŕm, žbun
arbusto (m), moita (f)	жбун (м)	žbun

videira (f)	винова лоза (ж)	vínova lóza
vinhedo (m)	виноград (м)	vínograd

framboeseira (f)	малина (ж)	málina
groselheira-preta (f)	црна рибизла (ж)	cŕna ríbizla
groselheira-vermelha (f)	црвена рибизла (ж)	crvéna ríbizla
groselheira (f) espinhosa	огрозд (м)	ógrozd

acácia (f)	багрем (м)	bágrem
bérberis (f)	жутика, шимширика (ж)	žútika, šimšírika
jasmim (m)	јасмин (м)	jásmin

junípero (m)	клека (ж)	kléka
roseira (f)	ружин грм (м)	rúžin gŕm
roseira (f) brava	шипак (м)	šípak

188. Cogumelos

cogumelo (m)	гљива, печурка (ж)	gljíva, péčurka
cogumelo (m) comestível	јестива гљива, печурка (ж)	jéstiva gljíva, péčurka
cogumelo (m) venenoso	отровна гљива (ж)	ótrovna gljíva
chapéu (m)	шешир (м)	šéšir
pé, caule (m)	ножица (ж)	nóžica

boleto (m)	вргањ (м)	vŕganj
boleto (m) alaranjado	јасикин турчин (м)	jásikin túrčin
míscaro (m) das bétulas	брезов дед (м)	brézov ded
cantarela (f)	лисичарка (ж)	lísičarka
rússula (f)	красница (ж)	krásnica

morchella (f)	смрчак (м)	smŕčak
agário-das-moscas (m)	мухара (ж)	múhara
cicuta (f) verde	отровна гљива (ж)	ótrovna gljíva

189. Frutos. Bagas

fruta (f)	воћка (ж)	vóćka
frutas (f pl)	воће, плодови (мн)	vóće, plódovi
maçã (f)	јабука (ж)	jábuka
pera (f)	крушка (ж)	krúška
ameixa (f)	шљива (ж)	šljíva

morango (m)	јагода (ж)	jágoda
ginja (f)	вишња (ж)	víšnja
cereja (f)	трешња (ж)	tréšnja
uva (f)	грожђе (с)	gróžđe

framboesa (f)	малина (ж)	málina
groselha (f) preta	црна рибизла (ж)	cŕna ríbizla
groselha (f) vermelha	црвена рибизла (ж)	crvéna ríbizla
groselha (f) espinhosa	огрозд (м)	ógrozd
oxicoco (m)	брусница (ж)	brúsnica

laranja (f)	наранџа (ж)	nárandža
tangerina (f)	мандарина (ж)	mandarína
ananás (m)	ананас (м)	ánanas
banana (f)	банана (ж)	banána
tâmara (f)	урма (ж)	úrma

limão (m)	лимун (м)	límun
damasco (m)	кајсија (ж)	kájsija
pêssego (m)	бресква (ж)	bréskva
kiwi (m)	киви (м)	kívi
toranja (f)	грејпфрут (м)	gréjpfrut

baga (f)	бобица (ж)	bóbica
bagas (f pl)	бобице (мн)	bóbice
arando (m) vermelho	брусница (ж)	brúsnica
morango-silvestre (m)	шумска јагода (ж)	šúmska jágoda
mirtilo (m)	боровница (ж)	boróvnica

190. Flores. Plantas

flor (f)	цвет (м)	cvet
ramo (m) de flores	букет (м)	búket

rosa (f)	ружа (ж)	rúža
tulipa (f)	тулипан (м)	tulípan
cravo (m)	каранфил (м)	karánfil
gladíolo (m)	гладиола (ж)	gladióla

centáurea (f)	различак (м)	razlíčak
campânula (f)	звонце (с)	zvónce
dente-de-leão (m)	маслачак (м)	masláčak
camomila (f)	камилица (ж)	kamílica

aloé (m)	алоја (ж)	áloja
cato (m)	кактус (м)	káktus
fícus (m)	фикус (м)	fíkus

lírio (m)	љиљан (м)	ljíljan
gerânio (m)	гераниум, здравац (м)	geránium, zdrávac
jacinto (m)	зумбул (м)	zúmbul

mimosa (f)	мимоза (ж)	mimóza
narciso (m)	нарцис (м)	nárcis
capuchinha (f)	драгољуб (м)	drágoljub

orquídea (f)	орхидеја (ж)	orhidéja
peónia (f)	божур (м)	bóžur
violeta (f)	љубичица (ж)	ljubičíca

amor-perfeito (m)	дан и ноћ	dan i noć
não-me-esqueças (m)	споменак (м)	spoménak
margarida (f)	красуљак (м)	krasúljak
papoula (f)	мак (м)	mak
cânhamo (m)	конопља (ж)	kónoplja

hortelã (f)	нана, метвица (ж)	nána, métvica
lírio-do-vale (m)	ђурђевак (м)	đurđévak
campânula-branca (f)	висибаба (ж)	vísibaba

urtiga (f)	коприва (ж)	kópriva
azeda (f)	кисељак (м)	kiséljak
nenúfar (m)	локвањ (м)	lókvanj
feto (m), samambaia (f)	папрат (ж)	páprat
líquen (m)	лишај (м)	líšaj

estufa (f)	стакленик (м)	stáklenik
relvado (m)	травњак (м)	trávnjak
canteiro (m) de flores	цветна леја (ж)	cvétna léja

planta (f)	биљка (ж)	bíljka
erva (f)	трава (ж)	tráva
folha (f) de erva	травчица (ж)	trávčica

folha (f)	лист (м)	list
pétala (f)	латица (ж)	lática
talo (m)	стабљика (ж)	stábljika
tubérculo (m)	гомољ (м)	gómolj

broto, rebento (m)	изданак (м)	ízdanak
espinho (m)	трн (м)	trn

florescer (vi)	цветати (нг)	cvétati
murchar (vi)	венути (нг)	vénuti
cheiro (m)	мирис (м)	míris
cortar (flores)	одсећи (пг)	ódseći
colher (uma flor)	убрати (пг)	ubráti

191. Cereais, grãos

grão (m)	зрно (с)	zŕno
cereais (plantas)	житарице (мн)	žitárice
espiga (f)	клас (м)	klas

trigo (m)	пшеница (ж)	pšénica
centeio (m)	раж (ж)	raž
aveia (f)	овас (м)	óvas

milho-miúdo (m)	просо (с)	próso
cevada (f)	јечам (м)	jéčam

milho (m)	кукуруз (м)	kukúruz
arroz (m)	пиринач (м)	pírinač
trigo-sarraceno (m)	хељда (ж)	héljda

ervilha (f)	грашак (м)	grášak
feijão (m)	пасуљ (м)	pásulj
soja (f)	соја (ж)	sója
lentilha (f)	сочиво (с)	sóčivo
fava (f)	махунарке (мн)	mahúnarke

GEOGRAFIA REGIONAL

192. Política. Governo. Parte 1

política (f)	политика (ж)	polítika
político	политички	polítički
político (m)	политичар (м)	polítičar
estado (m)	држава (ж)	dŕžava
cidadão (m)	држављанин (м)	državljanin
cidadania (f)	држављанство (с)	državljánstvo
brasão (m) de armas	државни грб (м)	dŕžavni grb
hino (m) nacional	државна химна (ж)	dŕžávna hímna
governo (m)	влада (ж)	vláda
Chefe (m) de Estado	шеф (м) државе	šef dŕžáve
parlamento (m)	парламент (м)	parláment
partido (m)	странка (ж)	stránka
capitalismo (m)	капитализам (м)	kapitalízam
capitalista	капиталистички	kapitalístički
socialismo (m)	социјализам (м)	socijalízam
socialista	социјалистички	socijalístički
comunismo (m)	комунизам (м)	komunízam
comunista	комунистички	komunístički
comunista (m)	комуниста (м)	komunísta
democracia (f)	демократија (ж)	demokrátija
democrata (m)	демократа (м)	demókrata
democrático	демократски	demókratski
Partido (m) Democrático	демократска странка (ж)	demókratska stránka
liberal (m)	либерал (м)	libéral
liberal	либералан	líberalan
conservador (m)	конзерватор (м)	konzervátor
conservador	конзервативни	kónzervativni
república (f)	република (ж)	repúblika
republicano (m)	републиканац (м)	republikánac
Partido (m) Republicano	републиканска странка (ж)	republíkanska stránka
eleições (f pl)	избори (мн)	ízbori
eleger (vt)	изабирати (нг)	izábirati
eleitor (m)	бирач (м)	bírač
campanha (f) eleitoral	изборна кампања (ж)	ízborna kampánja
votação (f)	гласање (с)	glásanje
votar (vi)	гласати (нг)	glásati

direito (m) de voto	право (c) гласа	právo glása
candidato (m)	кандидат (м)	kandídat
candidatar-se (vi)	кандидовати се	kandidovati se
campanha (f)	кампања (ж)	kampánja

| da oposição | опозициони | opozícioni |
| oposição (f) | опозиција (ж) | opozícija |

visita (f)	посета (ж)	póseta
visita (f) oficial	званична посета (ж)	zvánična póseta
internacional	међународни	međunárodni

| negociações (f pl) | преговори (мн) | prégovori |
| negociar (vi) | преговарати (нг) | pregovárati |

193. Política. Governo. Parte 2

sociedade (f)	друштво (c)	drúštvo
constituição (f)	устав (м)	ústav
poder (ir para o ~)	власт (ж)	vlast
corrupção (f)	корупција (ж)	korúpcija

| lei (f) | закон (м) | zákon |
| legal | законит | zákonit |

| justiça (f) | правда (ж) | právda |
| justo | праведан | právedan |

comité (m)	комитет (м)	komítet
projeto-lei (m)	нацрт (м) закона	nacrt zákona
orçamento (m)	буџет (м)	búdžet
política (f)	политика (ж)	polítika
reforma (f)	реформа (ж)	réforma
radical	радикалан	rádikalan

força (f)	снага (ж)	snága
poderoso	моћан	móćan
partidário (m)	присталица (м)	prístalica
influência (f)	утицај (м)	úticaj

regime (m)	режим (м)	réžim
conflito (m)	конфликт (м)	kónflikt
conspiração (f)	завера (ж)	závera
provocação (f)	провокација (ж)	provokácija

derrubar (vt)	оборити (нг)	obóriti
derrube (m), queda (f)	свргавање (c)	svrgávanje
revolução (f)	револуција (ж)	revolúcija

| golpe (m) de Estado | државни удар (м) | državni údar |
| golpe (m) militar | војни удар (м) | vójni údar |

| crise (f) | криза (ж) | kríza |
| recessão (f) económica | економски пад (м) | ekónomski pad |

manifestante (m)	демонстрант (м)	demónstrant
manifestação (f)	демонстрација (ж)	demonstrácija
lei (f) marcial	ванредно стање (с)	vánredno stánje
base (f) militar	војна база (ж)	vójna báza

estabilidade (f)	стабилност (ж)	stabílnost
estável	стабилан	stábilan

exploração (f)	експлоатација (ж)	eksploatácija
explorar (vt)	експлоатисати (пг)	eksploatísati

racismo (m)	расизам (м)	rasízam
racista (m)	расиста (м)	rásista
fascismo (m)	фашизам (м)	fašízam
fascista (m)	фашиста (м)	fašísta

194. Países. Diversos

estrangeiro (m)	странац (м)	stránac
estrangeiro	стран	stran
no estrangeiro	у иностранству	u inostránstvu

emigrante (m)	емигрант (м)	emígrant
emigração (f)	емиграција (ж)	emigrácija
emigrar (vi)	емигрирати (нг)	emigrírati

Ocidente (m)	Запад (м)	Západ
Oriente (m)	Исток (м)	Ístok
Extremo Oriente (m)	Далеки Исток (м)	Dáleki Ístok

civilização (f)	цивилизација (ж)	civilizácija
humanidade (f)	човечанство (с)	čovečánstvo
mundo (m)	свет (м)	svet
paz (f)	мир (м)	mir
mundial	светски	svétski

pátria (f)	отаџбина (ж)	ótadžbina
povo (m)	народ (м)	národ
população (f)	становништво (с)	stanovníštvo
gente (f)	људи (мн)	ljúdi
nação (f)	нација (ж)	nácija
geração (f)	генерација (ж)	generácija

território (m)	територија (ж)	teritórija
região (f)	регион (м)	regíon
estado (m)	држава (ж)	dŕžava

tradição (f)	традиција (ж)	trádicija
costume (m)	обичај (м)	óbičaj
ecologia (f)	екологија (ж)	ekológija

índio (m)	Индијанац (м)	Indijánac
cigano (m)	Циганин (м)	Cíganin
cigana (f)	Циганка (ж)	Cíganka

cigano	цигански	cíganski
império (m)	империја (ж)	impérija
colónia (f)	колонија (ж)	kólonija
escravidão (f)	ропство (с)	rópstvo
invasão (f)	инвазија (ж)	ínvazija
fome (f)	глад (ж)	glád

195. Grupos religiosos mais importantes. Confissões

| religião (f) | религија (ж) | réligija |
| religioso | религиозан | réligiozan |

crença (f)	вера (ж)	véra
crer (vt)	веровати (нг)	vérovati
crente (m)	верник (м)	vérnik

| ateísmo (m) | атеизам (м) | ateízam |
| ateu (m) | атеиста (м) | ateísta |

cristianismo (m)	хришћанство (с)	hríšćanstvo
cristão (m)	хришћанин (м)	hríšćanin
cristão	хришћански	hríšćanski

catolicismo (m)	католицизам (м)	katolicízam
católico (m)	католик (м)	kátolik
católico	католички	kátolički

protestantismo (m)	протестантизам (м)	protestantízam
Igreja (f) Protestante	протестантска црква (ж)	protestántska cŕkva
protestante (m)	протестант (м)	protéstant

ortodoxia (f)	православље (с)	právoslavlje
Igreja (f) Ortodoxa	православна црква (с)	právoslavna cŕkva
ortodoxo (m)	православни (м)	právoslavni

presbiterianismo (m)	презвитеријанство (с)	prezviterijánstvo
Igreja (f) Presbiteriana	презвитеријанска	prezviterijánska
	црква (ж)	cŕkva
presbiteriano (m)	презвитеријанац (м)	prezviterijánac

| Igreja (f) Luterana | лутеранска црква (ж) | lutéranska cŕkva |
| luterano (m) | лутеранац (м) | lutéranac |

| Igreja (f) Batista | баптизам (м) | baptízam |
| batista (m) | баптиста (м) | baptísta |

Igreja (f) Anglicana	англиканска црква (ж)	anglíkanska cŕkva
anglicano (m)	англиканац (м)	anglikánac
mormonismo (m)	мормонизам (м)	mormonízam
mórmon (m)	мормон (м)	mórmon

Judaísmo (m)	јудаизам (м)	judaízam
judeu (m)	Јеврејин (м)	Jévrejin
budismo (m)	будизам (м)	budízam

budista (m)	будиста (м)	budísta
hinduísmo (m)	хиндуизам (м)	hinduízam
hindu (m)	хиндуиста (м)	hinduísta

Islão (m)	ислам (м)	islam
muçulmano (m)	муслиман (м)	muslíman
muçulmano	муслимански	muslímanski

Xiismo (m)	шиизам (м)	šiízam
xiita (m)	шиит (м)	šíit
sunismo (m)	сунизам (м)	sunízam
sunita (m)	сунит (м)	súnit

196. Religiões. Padres

padre (m)	свештеник (м)	svéštenik
Papa (m)	Римски Папа (м)	Rímski Pápa

monge (m)	монах (м)	mónah
freira (f)	монахиња (ж)	monáhinja
pastor (m)	пастор (м)	pástor

abade (m)	опат (м)	ópat
vigário (m)	викар (м)	víkar
bispo (m)	епископ (м)	épiskop
cardeal (m)	кардинал (м)	kardínal

pregador (m)	проповедник (м)	propovédnik
sermão (m)	проповед (ж)	própoved
paroquianos (pl)	парохијани (мн)	parohíjani

crente (m)	верник (м)	vérnik
ateu (m)	атеиста (м)	ateísta

197. Fé. Cristianismo. Islão

Adão	Адам (м)	Ádam
Eva	Ева (ж)	Eva

Deus (m)	Бог (м)	Bog
Senhor (m)	Господ (м)	Góspod
Todo Poderoso (m)	Свемоћни (м)	Svémoćni

pecado (m)	грех (м)	greh
pecar (vi)	грешити (нг)	gréšiti
pecador (m)	грешник (м)	gréšnik
pecadora (f)	грешница (ж)	gréšnica

inferno (m)	пакао (м)	pákao
paraíso (m)	рај (м)	raj
Jesus	Исус (м)	Isus
Jesus Cristo	Исус Христос (м)	Isus Hrístos

Espírito (m) Santo	Свети Дух (м)	Svéti Duh
Salvador (m)	Спаситељ (м)	Spásitelj
Virgem Maria (f)	Богородица (ж)	Bogoródica
Diabo (m)	Ђаво (м)	Đávo
diabólico	ђаволски	đávolski
Satanás (m)	Сатана (м)	Satána
satânico	сатански	satánski
anjo (m)	анђео (м)	ánđeo
anjo (m) da guarda	анђео чувар (м)	ánđeo čúvar
angélico	анђеоски	ánđeoski
apóstolo (m)	апостол (м)	ápostol
arcanjo (m)	арханђео (м)	arhánđeo
anticristo (m)	Антихрист (м)	Antíhrist
Igreja (f)	Црква (ж)	Cŕkva
Bíblia (f)	Библија (ж)	Bíblija
bíblico	библијски	bíblijski
Velho Testamento (m)	Стари Завет (м)	Stári Závet
Novo Testamento (m)	Нови Завет (м)	Nóvi Závet
Evangelho (m)	јеванђеље (c)	jevánđelje
Sagradas Escrituras (f pl)	Свето Писмо (c)	Svéto Písmo
Céu (m)	Царство (c) небеско	Cárstvo nébesko
mandamento (m)	заповест (ж)	zápovest
profeta (m)	пророк (м)	prórok
profecia (f)	пророчанство (c)	proročánstvo
Alá	Алах (м)	Álah
Maomé	Мухамед (м)	Muhámed
Corão, Alcorão (m)	Куран (м)	Kúran
mesquita (f)	џамија (ж)	džámija
mulá (m)	хоџа (м)	hódža
oração (f)	молитва (ж)	mólitva
rezar, orar (vi)	молити се	móliti se
peregrinação (f)	ходочашће (c)	hodóčašće
peregrino (m)	ходочасник (м)	hodóčasnik
Meca (f)	Мека (ж)	Méka
igreja (f)	црква (ж)	cŕkva
templo (m)	храм (м)	hram
catedral (f)	катедрала (ж)	katedrála
gótico	готички	gótički
sinagoga (f)	синагога (ж)	sinagóga
mesquita (f)	џамија (ж)	džámija
capela (f)	капела (ж)	kapéla
abadia (f)	опатија (ж)	opátija
convento (m)	женски манастир (м)	žénski mánastir
mosteiro (m)	мушки манастир (м)	múški mánastir
sino (m)	звоно (c)	zvóno

campanário (m)	звоник (м)	zvónik
repicar (vi)	звонити (нг)	zvóniti
cruz (f)	крст (м)	kŕst
cúpula (f)	купола (ж)	kúpola
ícone (m)	икона (ж)	íkona
alma (f)	душа (ж)	dúša
destino (m)	судбина (ж)	súdbina
mal (m)	зло (с)	zlo
bem (m)	добро (с)	dóbro
vampiro (m)	вампир (м)	vámpir
bruxa (f)	вештица (ж)	véštica
demónio (m)	демон (м)	démon
espírito (m)	дух (м)	duh
redenção (f)	искупљење (с)	iskúplenje
redimir (vt)	искупити (пг)	iskúpiti
missa (f)	служба (ж)	slúžba
celebrar a missa	служити (нг)	slúžiti
confissão (f)	исповест (ж)	íspovest
confessar-se (vr)	исповедати се	ispovédati se
santo (m)	светац (м)	svétac
sagrado	свет	svet
água (f) benta	света вода (ж)	svéta vóda
ritual (m)	ритуал (м)	ritúal
ritual	ритуалан	rítualan
sacrifício (m)	приношење (с) жртве	prinóšenje žŕtve
superstição (f)	сујеверје (с)	sújeverje
supersticioso	сујеверан	sújeveran
vida (f) depois da morte	загробни живот (м)	zágrobni žívot
vida (f) eterna	вечни живот (м)	véčni žívot

TEMAS DIVERSOS

198. Várias palavras úteis

ajuda (f)	помоћ (ж)	pómoć
barreira (f)	преграда (ж)	prégrada
base (f)	база (ж)	báza
categoria (f)	категорија (ж)	kategórija
causa (f)	узрок (м)	úzrok
coincidência (f)	коинциденција (ж)	koincidéncija
coisa (f)	ствар (ж)	stvar
começo (m)	почетак (м)	počétak
cómodo (ex. poltrona ~a)	комфоран	kómforan
comparação (f)	поређење (с)	póređenje
compensação (f)	компензација (ж)	kompenzácija
crescimento (m)	раст (м)	rast
desenvolvimento (m)	развој (м)	rázvoj
diferença (f)	разлика (ж)	rázlika
efeito (m)	ефекат (м)	éfekat
elemento (m)	елеменат (м)	elémenat
equilíbrio (m)	равнотежа (ж)	ravnotéža
erro (m)	грешка (ж)	gréška
esforço (m)	напор (м)	nápor
estilo (m)	стил (м)	stil
exemplo (m)	пример (м)	prímer
facto (m)	чињеница (ж)	čínjenica
fim (m)	крај (м)	kraj
forma (f)	облик (м)	óblik
frequente	чест	čest
fundo (ex. ~ verde)	позадина (ж)	pózadina
género (tipo)	врста (ж)	vŕsta
grau (m)	степен (м)	stépen
ideal (m)	идеал (м)	idéal
labirinto (m)	лавиринт (м)	lavírint
modo (m)	начин (м)	náčin
momento (m)	моменат (м)	mómenat
objeto (m)	објекат, предмет (м)	óbjekat, prédmet
obstáculo (m)	препрека (ж)	prépreka
original (m)	оригинал (м)	originál
padrão	стандардни	standárdni
padrão (m)	стандард (м)	stándard
paragem (pausa)	пауза, станка (ж)	páuza, stánka
parte (f)	део (м)	déo

partícula (f)	делић (м)	délić
pausa (f)	пауза (ж)	páuza
posição (f)	позиција (ж)	pózicija
princípio (m)	принцип (м)	príncip
problema (m)	проблем (м)	próblem
processo (m)	процес (м)	próces
progresso (m)	прогрес (м)	prógres
propriedade (f)	својство (с)	svójstvo
reação (f)	реакција (ж)	reákcija
risco (m)	ризик (м)	rízik
ritmo (m)	темпо (м)	témpo
segredo (m)	тајна (ж)	tájna
série (f)	серија (ж)	sérija
sistema (m)	систем (м)	sístem
situação (f)	ситуација (ж)	situácija
solução (f)	решење (с)	rešénje
tabela (f)	таблица (ж)	táblica
termo (ex. ~ técnico)	термин (м)	términ
tipo (m)	тип (м)	tip
urgente	хитан	hítan
urgentemente	хитно	hítno
utilidade (f)	корист (ж)	kórist
variante (f)	варијанта (ж)	varijánta
variedade (f)	избор (м)	ízbor
verdade (f)	истина (ж)	ístina
vez (f)	ред (м)	red
zona (f)	зона (ж)	zóna